幸福の科学との訣別

私の父は大川隆法だった

宏洋《Hiroshi》

幸福の科学との訣別　私の父は大川隆法だった

目次

本書は宏洋氏へのロング・インタビューをもとに構成したものです。

ブックデザイン　城井文平
取材・構成　石井謙一郎
カバー写真　杉山拓也

幸福の科学との訣別

私の父は大川隆法だった

まえがき

私の人生で最初の記憶は、東京・練馬区の武蔵関に住んでいた2歳か3歳の頃。近くの武蔵関公園に大きな池があって、その周りを父の秘書と散歩していた光景です。防災行政無線で夕方5時にチャイムが鳴るのを合図に、家へ帰っていました。

どの秘書の方だったかは、記憶にありません。トータルで20〜30人替わっていますから、よく覚えていないのです。しかし最も古い記憶の中で、隣りにいるのが父でも母でもなく、秘書の女性なのは間違いありません。

世の中広しといえど、宗教の教祖の家に生まれた人や、家の中に〝神様〟がいる環境で育った人は、ほとんどいないと思います。

私は1989(平成元)年2月24日、宗教法人「幸福の科学」の創始者兼総裁・大川隆法の長男として生まれました。妹と弟が2人ずついます。咲也加《さやか》、真輝《まさき》、裕太《ゆうた》、愛理沙《ありさ》という順です。母のきょう子さんは父と離婚して、教団から追放されました。

父・隆法は教祖であると同時に、人類救済の大いなる使命をもつ地球至高神「エル・カンターレ」でもあって、信者さんにとっては信仰の対象です。


小学校に入る前から、幸福の科学の教義を教えられました。父や母から直接レクチャーを受けることはほとんどなく、教団の職員が家庭教師についていました。

そして、「世の中の一般的な考えは、基本的に間違っている。齟齬《そご》があった場合は、我々が正しい。世の中の人が言うことを信じてはいけない」と、常々言い聞かされました。たとえば進化論について、「あれは悪魔の教えだ」「ダーウィンは転生輪廻《てんしょうりんね》を否定したせいで、無間地獄《むけんじごく》に落ちている。自分ひとりしかいない空間に、何万年も閉じ込められているんだ」といった具合です。

自分の置かれた家庭環境が、よその家とはだいぶ違うらしいと気づいたのは、小学校に入ってからでした。学校の外で友だちと会うことは禁止され、誰かの家へ遊びに行く機会もなかったので、なかなか比較ができなかったのです。「宏洋《ひろし》様は生まれつき特別な使命を帯びている人間であって、卒業したら彼らに会うことは二度とないのだから、親しくなってはいけません」と教えられていました。

子どもの頃から抱いていたさまざまな違和感は、次第に膨らんでいき、成長するにつれて消せなくなりました。結果として私は、２０１８年に自分から教団を離れました。見聞きした内情をYouTubeやTwitterで発信したところ、教団から損害賠償請求の訴訟を起こされている身です。

教祖であり神様である人の家に生まれるということが、どんなに奇妙か。この本では、私が実際に経験した日常を綴っていきたいと思います。

もうひとつ私が伝えたいのは、幸福の科学を熱心に信仰されている信者さんに、「そんなことにお金や時間を費やしても、いいことは何もありませんよ」というメッセージです。

信者の方々は、教団にお布施をします。お金持ちならポンと何百万円も出せるかもしれませんが、普通の方にとってはなけなしのお金であるはずです。そういう貴重な5000円や1万円が、希望されているような神聖な使われ方をしていないことを知ってほしい。

皆さんが身を削るような思いでお布施をしたお金は、隆法が「世界に一つしかないんだ」と自慢するウン百万円やウン千万円の腕時計のほか、女性幹部の高い給料やアクセサリーに化けています。

隆法の腕時計は、基本的に特注です。しかも、基本的に1回しか着けません。特に東京ドームなどでの大きなイベントの際に着けるものは、1回しか使いません。宝石がキンキラキンにちりばめられているお袈裟《けさ》もウン百万円しますが、やはり基本的に1回しか使いません。

普段着るスーツも全て特注です。大手デパートの外商がやって来て、注文します。隆法にはファッションセンスがないので、女性秘書の方が選びますが、似合っているかどうかは疑問です。そうやってあつらえたスーツも、やはりほぼ1回しか着ません。

大川隆法は至高神「エル・カンターレ」なので、神が身に着けた服や時計は、すべて宝物《ほうもつ》という扱いです。つまり私物ではなく教団の所有物であって、将来は博物館のような場所に陳列されるそうです。

それでもいいからお布施をしたいと思うなら、信者さんの自由です。けれども、現実は知っておいてほしいと思います。

幸福の科学は、幸福実現党という政党を立ち上げて、国会や地方議会の選挙に候補者を立てています。幸福の科学の信者数は、公称1100万人です。子どもの人数を引いても1000万人近い有権者がいるはずですから、今頃は幸福実現党から総理大臣が出ていてもおかしくありません。しかし現実には、一人の国会議員さえ当選させることができません。

隆法は「自分の理想の政治を実現したい」と、30年ほど前の講演会から口にしていました。具体的に言えば、総理大臣になりたい。日本のドナルド・トランプになりたいのです。

夢を持つのはいいことです。けれども、選挙のたびに得票数を突き付けられれば、「ああ、これが現実か」と悟って諦めるのが普通でしょう。なのに隆法は、そうはしません。そして、「総裁先生、政治はもう止めましょう」と諫《いさ》める人は、隆法によってたちまち左遷されてしまうのが、幸福の科学という教団です。

幸福の科学には「足ることを知れ」という教義があります。「欲が過ぎると失敗するよ。分不相応な欲望を持ちすぎると、足を掬《すく》われますよ」という、真っ当な教えです。

私は、その教えを大川隆法自身に当てはめるべきだと思っています。欲が過ぎている部分があるからです。贅沢をしたいとか、総理大臣になりたいとか、神として全人類から崇《あが》め奉られたいとか、自己顕示欲が出すぎです。

私が教祖と教団に対して言いたいのは、世の中に迷惑をかけないように、身の丈に合わせて、粛々と活動されたらいいということです。

本書は、基本的に私が見聞きし、経験したことで成り立っています。私が生まれ育った環境のこと、家族のことについて詳述しています。

両親、妹弟たち、また教団内の人々、出来事については、幸福実現党という国政を目指す政党の母体である、幸福の科学という教団のこれまでのあり方、未来を語る上で、必要であると考えた部分に限って記述することを心掛けました。

第一章

私だけが知っている教団の内実

——霊言、カネ、政治活動、学校経営

父を神だと思ったことはない

幼い頃から、「大川隆法は至高神エル・カンターレだ」と教えられていました。至高神とは、たくさんいらっしゃる神様の中のトップに位置する、最も尊い神様という位置づけです。

〈地球のすべての神々を導く存在として、『この地球上に生きる、生きとし生けるもののすべてを幸福にする』ということを目的にしている霊存在がエル・カンターレなのです〉

というのが、幸福の科学ホームページの説明です。

隆法からは「父と子である以前に、師と弟子である」「『エル・カンターレ』を肉体的な父親として見てはいけない」と、常々言い付けられていました。隆法は、大川家を歌舞伎や落語の世界のようなカルチャーで形作りたかったのでしょう。けれども私は、隆法を神だと思ったことは一度もありません。

子どもだった頃、教団の大きなイベントが行なわれると会場へ連れて行かれました。東京ドームのＶＩＰ席から会場を見渡すと、隆法がステージの上で叫んでいます。何万人という人たちが、その姿を見て熱狂しています。私はそれを見ても、「お父さんはすごい人なんだ！」と感じることは全くありませんでした。

話の内容も、よく聞いてみたら大したことは言っていない。「何に興奮してるんだろう、この人たちは」と、全然理解できませんでした。「この話のどこに、人は心を動かされるのか」と、疑問に思えて仕方なかったのです。

この感覚については、きょうだい全員一緒だと思います。

それより印象に残っているのは、東京ドームなどの会場に出入りする際の車の中で、隣りに座った女性秘書の方に、顔が外から見えないように、５分くらい頭を押さえつけられたことです。ちょうど１９９５年のオウム事件の頃で、オウムが作った暗殺対象リストに、創価学会の池田大作名誉会長などと並んで、大川隆法の名前が載っていました。

当時の車は、用心のため全て防弾仕様でした。車種はセンチュリーやクラウン、子どもたちが乗るフォードフリーダなどがありました。

当時は五反田の池田山ハウスというマンションを借りて住んでいたのですが、セキュリティを強化するために、リモコンを使わないと開かないゲートを作りました。実際に、その向かいにあるマンションの一室をオウムの信者が借りて、隆法の動向を窺っていたという話をあとから聞きました。

大川隆法にカリスマ性があるとすれば、話が長いことでしょう。とにかく長いので、聞いているうちに疲れてしまいます。よくわからない同じような話を1時間も2時間も聞いていると、「もういいや」という心境になりました。内容自体、大したことはしゃべっていないので、物量としつこさで、聞き手に何度も何度も同じ話を聞かせて「すり込み」をし、洗脳するのが彼の手口です。

ある程度の信者を集められたのは、東大法学部を出ているからだと思われます。おかしなことを言っているように聞こえるけれども、「それでもこの人、東大法学部を出てるんだよ。だから何か、深い考えがあるのかもしれない」と錯覚させられる。意外と、そういう簡単なことだと思います。

大川隆法とオウム真理教の麻原彰晃は、よく比べられます。オウム事件の頃、私は小学生になる前だったのでよくわかりませんが、二人が違うのは学歴くらいではないでしょうか。あとは、ほぼ一緒かなと思います。

霊言は「隆法劇団」によるイタコ芸

私が幸福の科学と訣別しようと思った大きな理由として、教義に同意できなかったことがあります。具体的にいうと、「過去世《かこぜ》」や「霊言」に関して、整合性が取れていないと感じたためです。

「過去世」というのは、幸福の科学の教義の中にある「転生輪廻」の思想に基づく〝設定〟です。「転生輪廻」とは「人間には『永遠の生命』があり、数十年の『肉体生活』を終えた後、『天上界』に魂だけが還り、しばらくしたらまた地上に生まれ変わってくる」という思想です。

「過去世」とは、その人の「前世」「前前世」「前前前世」等のことを指します。「過去世」の認定は隆法によってのみ行われます。隆法以外の人間がこれを行うと、即刻「悪魔」として処分されます。

ちなみに私の「過去世」は、カフカ、デカルト、西行、荘子などだそうです。隆法自身の「過去世」は、釈迦、ヘルメスなどの他、歴史上に名前が残っている宗教指導者や文明を創造した王など、色々あるそうです。他にも色々「地球神」「宇宙神」等々の〝設定〟がありますが、取るに足らないものなので割愛します。

母のきょう子さんは、総裁補佐などの要職にあったときはナイチンゲール、アフロディーテ、文殊菩薩などでしたが、離婚騒動で教団を追い出されてからは、ナイチンゲールの助手、イスカリオテのユダ、孔子に捨てられた子ども、悪魔ルシファーの妻などに変わりました。

「過去世」というのは、教団内での〝格付け〟として使われる場合が多いです。大川家以外の教団幹部職員の中にも、曹操、孫権などの三国志の英雄や、近藤勇、沖田総司など歴史上人気の高い「生まれ変わり」と称される人物が多数存在します。こういった歴史上の偉人の霊は「高級霊」と称され、「霊格が高い」「霊格が低い」という用語が、幸福の科学の会内ではよく使われます。

一度認定された過去世は「変更」される場合があります。「法に触れるような事件を起こした」「思ったより仕事が出来なかった」「政治的に重要ポストに置いておくと邪魔になった」等々の理由があります。大川家のきょうだいの中でも真輝・裕太・愛理沙の3人は「過去世」が「変更」される処分受けています。これについては、後ほど詳しく述べます。

霊言というのは、隆法が歴史上の人物や存命中の有名人の守護霊を自分の中に降ろして、隆法の口を借りて語ってもらうというものです。公開と非公開があるのですが、教団は2019年12月に、「公開霊言が始まって以来10年で、1000回を突破した」と発表しました。記念すべき1000回目は、クリスマスの日に収録された「〈釈尊の霊言〉―情欲と悟りへの修行―」という内容だったそうです。

教団HPの「どんな霊も呼び出せる」という項目では、霊言についてこう説明しています。

〈大川隆法総裁には、呼び出せない霊は存在しません。イエス・キリスト、孔子、天照大神などの高級霊をはじめ、坂本龍馬や吉田松陰などの歴史上の偉人、生きている人の守護霊、さらには悪魔と呼ばれる存在まで呼び出すことができます。また、人類初の試みとして、現在生きている人の潜在意識の奥底に眠っている宇宙人だった時の意識を呼び出して霊言させる、宇宙人リーディングも行っています」

これまで隆法が対話した宇宙人は、プレアデス星人、ウンモ星人、マゼラン星雲ゼータ星人、金星人などなど、200種類を超えているそうです。これらの宇宙人は、はるか昔に地球へやって来て、いまでは人間と同化して暮らしているということです。誰もが、前世は宇宙人だったかもしれないらしいのです。

過去世は宇宙人

過去世の宇宙人バージョンというのがあって、

「あなたは、地球へ来る前は火星人でした」

と宣告されたりします。信者さんの間ではプレアデス星人とベガ星人が人気で、トカゲのような姿をしたレプタリアンが嫌われていました。仕事はできるけど、残忍な傾向がある、という〝設定〟の宇宙人です。

なので信者さん同士、

「あなたって、レプタリアンぽいね」

「ちょっと〜やめてよ！」

という会話で盛り上がったりしています。

隆法の口を通して行なわれる霊言は、ほとんどみんな現代の日本語です。チャネラーである隆法の言語中枢を使うため、宇宙人や外国人の霊であっても、現代の日本語に翻訳されるのだそうです。一部に英語の場合があるのは、隆法に英語が得意だという自負があるからです。なので、アラム語という言葉を話していたといわれるイエス・キリストも、霊言では英語でしゃべります。

隆法は、ＵＦＯの写真も好きです。幕張メッセで講演会を行なったとき、信者さんから、

「ＵＦＯが飛んでいるのを見ました」

という報告が上がってくると、

「プレアデス星人のＵＦＯだね。私の説法を聞きに来たんだ。調査活動の一環だね」

と、嬉しそうに言っていました。

幸福の科学に集まってくる信者さんたちにとっては、オカルトマーケットでの人気も根強いものがあるらしいです。

どこまで本物っぽくできるか

眉唾だとかイタコ芸だと言われていることは、隆法も教団もよく知っています。幸福の科学HPには「霊言が本物であるという確証は?」という項目もあって、こう説明されています。

〈霊言は、その霊でなければ言えないことを語ります。例えば、坂本龍馬霊は自分が最期、どのように暗殺されたかを克明に語りました(『龍馬降臨』参照)。特に、今生きている人の守護霊を呼び出して話を聞くと、本人そっくりの考え方を持っており、本人にしか知り得ない情報や本音を語るところを見れば、これが「本物である」と分かるでしょう。また、それぞれの霊の個性の違いを見れば、とても創作で「霊言」ができるものではありません〉

霊言が真実である根拠として挙げられているのは、ディテールがあることと、たくさんやっていることです。これまで、書籍化されただけで500冊を超えています。これだけできる人は、隆法の他にはいない。だから真実だという言い分ですが、「たくさん出している」ということは「真実である」という証拠にはなりません。こんな簡単なことは、4歳の私にも分かりました。私は小学校に入る前から、「つじつまが合わない説明だ」と思っていました。

〔これらの霊言の収録は公開の場で行われ、当然、原稿は一切ありません。大川総裁は幸福の科学の関係者だけではなく、一般の人もいる前で、何度も「公開霊言」を行っています。さらに、1回2〜3時間の霊言の多くは、録音から起こしてそのまま1冊の本になっています。霊言の収録から書籍の発刊に至るまで、ごまかしは一切ありません〕

前半の説明は事実です。霊言には、台本もリハーサルもありません。全部アドリブで、2時間くらいやりますが、書籍化の際に削除や訂正が入ることはあります。

もっとも隆法は、霊言を行う人物の資料を事前に入念に読み込んでいます。しかし、事前の情報収集が不足していると〝放送事故〟が起きてしまうこともあります。

民主党政権時代に、野田佳彦総理（当時）の霊言を公開収録した際の話です。

霊言の収録を行なっていたのは、その日の午後三時頃でした。霊言の中で、野田総理の「霊」は「解散総選挙はやらないよ」と発言していました。ところが、収録が始まる直前に野田総理「本人」が「現実世界」で、「解散総選挙をやる」と宣言し、ニュースでも報道されていたのです。

「霊媒師」である隆法本人が、収録が始まる前にその情報を仕入れていなかったので「霊媒師」隆法の中に入っている野田総理の「霊」は「解散総選挙はしない」と言ってしまったのです。途中で隆法のその「ご法話」ではなく「誤報話《ごほうわ》」に気が付いた若手職員の一人が、司会進行役の職員に耳打ちをし「エッ、解散したらしいよ?!」となったため、収録現場は騒然となりました。

司会の職員は焦って「いや、待てよ。これはもしや野田の『ワナ』かもしれない……!」と狼狽しながら必死にその場を取り繕っていました。

隆法は、野田総理の「霊」を入れたまま、ただただ黙って冷や汗を流していました。

漫画家の故・水木しげるさんの霊言をやったとき、隆法は「水木しげるです」と言って、両手を身体の前で下げた幽霊ポーズをとりました。水木さんが戦争で左腕を失《な》くされたことは、有名だと思うのですが……。

霊言で問われるのは、どこまで本物っぽくできるか、というセンスです。隆法本人も当然、パフォーマンスだと自覚しています。たとえば私が教団に背いたとき、私の守護霊の霊言が行なわれました。私の守護霊が隆法に降り、目の前にいる妹の咲也加のことを「お前はブサイクだ」とか「鈍感だ」と激しく罵っていました。

しかし実際にその言葉を口にしているのは、父である隆法なのです。そこで、「父親から『ブサイク』と言われたら、娘は傷つくだろうな」と思うのは、素人考えです。咲也加のほうも、霊言を信じているわけではないし、隆法が私の役を演じているとわかって相手をしているにすぎないからです。

ときには誰かの守護霊を教団の幹部に降ろして、目の前の隆法に向かって隆法批判をさせることもあります。つまり登場人物はみんな「隆法劇団」に所属する役者で、それぞれに与えられた役割を演じているだけです。それっぽく見せるセンスが問われるので、役者に選ばれる人間は限られています。子どもたちの中では私と三男の裕太だけが、隆法から霊能者だと認定されていました。

私自身、隆法から注文があれば、どんな霊言でもやっていました。書籍化されることが事前に決まっている場合は、きちんと情報収集をします。その人物が何年に生まれたとか、どういう人とどんな関係だった、などと頭に入れておくのです。

妹の咲也加は、隆法との対談で、

「総裁の元を離れた幹部や関係者で、総裁の霊能力に疑いをもつ者は誰一人いなかった。総裁の近くにいたら、総裁の霊能力が本物だと理解するからだ」

と言っていますが、事実と違います。現にこの私が、本物だと思っていなかったのですから。

信者は霊言を信じている？

存命中の有名人の守護霊を呼び出す場合もありますが、クレームなどはほとんどありません。基本的に、相手にされていないからです。ただ、漫画家の手塚治虫さんの霊言では、関係者から「こんなことは言わない」とクレームがありました。竹下登・元総理の孫であるタレントのＤＡＩＧＯさんと女優の北川景子さんが結婚されたときは、ＤＡＩＧＯさんの霊言をやって「いずれ総理になるための踏み台として、北川景子を利用してるんだ」という悪口本を出し、事務所からクレームが来ました。それは、隆法が北川景子さんの大ファンだったので、ショックを受けて行なった霊言でした。

霊言というのは、大川隆法本人が言いたいことを、偉人や有名人の守護霊に語らせるというイタコ芸です。だから隆法のメンタルが安定していないときは、一気に10人分ぐらいやったりします。誰かの守護霊という名前を冠して、教団経営上の不安点や心配事などを吐露し、記録しておくためです。

本人にとっては、精神安定剤のような意味もあるのでしょう。夜中にいきなり「今から霊言をやるぞ」と言い出して、テープレコーダーで録音を始めることもよくありました。しかし私は、言いたいことがあるのなら、偉人や有名人の名前を借りず、大川隆法個人の意見として言えばいいと思います。自分の意見を言っているのに霊が言っていると称するのは、責任逃れにすぎません。

信者さんは霊言を信じているのか？　誰もが抱く疑問でしょう。答えは、「何も考えずに受け入れている」のだと思います。自分の意思をもたず、自分では何も決めずに動けるのが、カルト宗教の一番の魅力です。隆法が「右へ行きなさい」と言ったら右に行くし、「左へ行きなさい」と言ったら左に行く。ある意味、そういう生き方は楽なんだろうと思います。自分で考える手間を省けるからです。

なので、信者さんに教義の内容を尋ねても、まともな答えが返ってこない場合も多いです。ただでさえ難解で、出されている本の量も多いため、教義のすべてを把握している人はほぼいません。二言目には「とにかく信じることが大事なんだ」という答えしか返ってこない信者さんがたくさんいます。だから霊言についても、その内容を吟味したり、あえて価値を見出そうとしないのでしょう。

オカルト系の話が好きな信者さんも一定の割合でいますし、隆法本人にとって今さら引っ込みがつかないという事情もあると思います。本人は一生懸命考えて、大真面目にやっているからです。

周りに「『霊』や『あの世』、『宇宙人』の実在を証明したいのなら、科学的なアプローチはしないのでしょうか？」などと意見する、主君思いの忠臣はいません。そんなことを口に出せば即座に悪魔と認定され、左遷されてしまうからです。

東日本大震災でうろたえた隆法

隆法が1991年に出した『ノストラダムス戦慄の啓示』という本があります。3年後に教団が初めて製作した映画の原作で、ノストラダムスの霊が語ったという体裁です。90年代前半の隆法は、終末思想にはまっていました。

「1999年に地球が滅亡する。それを避けるために、幸福の科学に入信しなさい」というノストラダムスキャンペーンには、特に力を入れていました。もちろん、99年になっても何も起こらなかったわけで、「エル・カンターレの奇跡によって、地球は救われたのだ!」という説明に変わりました。

96年に、東京にあった本部機能を全て栃木県宇都宮市に移転しました。総合本部も東京の五反田から、宇都宮市に「総本山・正心館」という宿泊施設付きの本部施設を建て、自宅も「宇都宮仏宝館」という3階建のテニスコート・プール付き物件を新築しました。

隆法は「『東京に大地震が来る』と高級霊たちからお告げがあった。すぐに避難しなければならない」と騒ぎ立て、周囲の反対を押し切って引越しを決行しました。しかし、本当の理由はそうではなかったのだと当時の私は思っていました。

私には、隆法は「心が折れてしまった」という様子に見えました。

95年に起きたオウム真理教による地下鉄サリン事件の後、新興宗教へのバッシングの嵐は、従前とは比べ物にならないほど苛烈なものとなりました。幸福の科学も、当然例外ではありませんでした。

隆法は、90年代前半からオウム真理教への批判を積極的に行なっていました。当時はテレビ番組に対談形式で出演するなど、幸福の科学とオウム真理教はライバルのようなポジションを取っていました。

隆法は〝競合他社〟に対しては徹底的に叩き潰そうと批判を行います。具体的に挙げると、創価学会・オウム真理教・医学界等がそれにあたります。何故なら「お客さんを奪われる可能性がある」からです。

その〝競合他社〟の筆頭であるオウム真理教が事件を起こして没落したので、隆法は「ほれ、見たことか！　ざまあ見ろ！」とばかりに嬉々として鬼の首を取ったように小躍りしていました。これでオウムに流れていた顧客が、そのまま幸福の科学に流れて来ると予想したのでしょう。

しかし、世間の反応は隆法の思惑とは180度真逆のものでした。民意は、隆法が予想したように「早期からオウムを批判していた幸福の科学は正しかったんだ！　やっぱり大川隆法こそが本当の救世主だったんだ!!」とはなりませんでした。

大衆の意見は「新興宗教はどこもおかしい。オウムと同じように撲滅されるべきだ」という方向性に流れていくことになります。当然のことです。彼を待っていたのは、栄光や称賛ではなく、「麻原彰晃と同類の嘘つき、ペテン師」という非難や罵詈雑言の嵐でした。隆法は、時代の流れを、完全に読み違えていたのです。

当時の隆法は、そんな世間の反応に「絶望してしまった」というように見えました。それ故に、都会の喧騒から離れて、宇都宮に〝山籠り〟をすることにした。リビングで落ち込みながら延々と愚痴をたれている隆法を見ていた私には、そのように思えました。隆法は徳島県川島町の出身で、「東京のような都会は好きではない」とよくこぼしていました。地方に隠居して、心を休めたかったのだと思います。

2年後に再び本部機能を東京に戻した理由は、よく分かりません。やはり「総理大臣になりたい」という夢を捨てきれなかったのかもしれません。

２０１１年3月11日の東日本大震災のことは、よく覚えています。私は、青山学院大学法学部の3年生でした。授業がなかった日で、友達から麻雀に誘われていて、池袋に向かう途中でした。家の前から渋谷駅へ向かうバスの中で、あの揺れに襲われたのです。

渋谷に着いたら電車がすべて止まっていたので、友達に連絡して麻雀は中止にしました。家に帰ってすぐにニュースを見て、東北が大変な被害を受けていることを知りました。

隆法は、メチャクチャ慌てていました。お茶の水女子大の学生だった咲也加を心配していたのです。

「咲也ちゃん、どこにいる？　咲也ちゃんと連絡が取れない。なんで？　どうなってるんだ、お前ら！」

と、秘書の人たち相手にブチ切れていました。咲也加が帰って来ないので、大学まで車で迎えに行かせました。しかし道路は大渋滞でしたから、帰って来るまで6時間ぐらいかかりました。その間ずっと、秘書の方に電話をかけさせて、

「おい、どうなってるんだ。どこにいるんだ。あと何分で帰ってくるんだ。遅い！」と、秘書を怒鳴り散らしていました。夜の10時か11時に咲也加が帰って来ると、ようやく安堵して、

「お〜、咲也ちゃん、よかったね。ああ、どうなったことかと心配したよ。もし帰って来れなかったら、パパどうしたらいいかわからなくなっちゃったよ。うぉぉぉ」

と叫んでいました。

大地震の発生や原発の事故は、宇宙の根本神である隆法にさえ予知できなかったようです。娘がいま現在どこにいるかも、わからなかったのです。

信者の実数は1万3000人

幸福の科学の信者は、国内だけで公称1100万人。加えて、海外に1100万人ということになっています。日本人の10人に1人という計算です。しかし2019年の参議院選挙で、幸福実現党の比例代表の得票は約20万票でした。信者なら幸福実現党に投票するはずですから、計算が合いません。

1100万人という数字は、「正心法語」という手帳サイズの経典の累計発行部数であることを、教団が認めています。「正心法語」を受け取った人は、入信した覚えがなくても、現役信者としてカウントされ続けているのです。また親が信者であれば、生まれた赤ちゃんはその瞬間から信者です。

正式な入信の儀式は「三帰誓願」といいます。もっとも、職員立ち会いの元で「あなたはエル・カンターレを信じますか?」「信じます」で終わる簡単な儀式です。こうして会員になれば、会員番号が割り振られます。しかし「三帰誓願」を受けた人数は公表されていません。年に一度でも支部や精舎《しょうじゃ》の活動に参加した人を「精舎研修参加頭数」と呼んでカウントしていますが、正式な会員数は本部職員でさえ把握できていないと思います。

私は、熱心に活動している信者さんは1万3000人程度ではないかと思っています。根拠は、教団がやっている各種SNSのフォロワーの人数やチャンネル登録者数が、だいたいそのくらいだからです。毎年7月の「御生誕祭」と12月の「エル・カンターレ祭」が大きな祭典なのですが、動員には毎回苦労しています。

2019年7月の御生誕祭は、福岡国際センターという5000人程度の会場で開催されました。前の年までは3万人規模の幕張メッセやさいたまスーパーアリーナを借りていたので、都落ちした上にかなり小さい会場です。しかし私は、動員人数からみて妥当な判断だと思いました。12月のエル・カンターレ祭はさいたまスーパーアリーナで行なったようですが、公式発表で1万7000人しか集まっていません。5万人が入る東京ドームを満員にすることは、もはや難しくなったといえます。

お布施で家庭崩壊

支部にはそれぞれ、信者獲得のノルマがあります。月に何人という数字を達成できないと、支部長のクビが飛んだりします。なので皆さん頑張っていますが、達成はできていないでしょう。知り合いに頼んで名前だけ貸してもらったり、架空の姓名を書き込んだり、亡くなった人の名前をカウントし続ける場合も珍しくないようですから。

信者になっても、行事に参加する義務などはありません。お布施も基本的に、出したい人が出します。支部によく顔を見せているとせびられますけれども、嫌だったら行かなければいいだけです。

しかし、お布施のしすぎで家庭が崩壊したり、消費者金融から多額の借金をしてお布施するケースもあります。「お金に関して、こういう事件が起きました」とか「どこそこのリーダー信者さんが離婚しました」という報告は本部へ上がってきます。が、何も対処はしません。教団は、お金が入ってくるか入ってこないかにしか、興味がないからです。

「辞めたら地獄に落ちる」と脅されますが、わざわざ「辞めます」と言う必要はありません。脱会のペナルティーもないので、嫌になったら行かなければいいのです。最近になって、退会する際は届を出す手続きが必要になりました。守秘義務を守りますといった誓約書みたいなものを書かされるのです。

しかし一般の信者さんで、そんな面倒な手続きを取る人はほとんどいません。連絡が来ても返さなければいいだけ。なので、名前は登録しているけれども、活動にはいっさい参加しなくなる幽霊会員が多いのです。世の中には楽しいことがたくさんありますから、狭い世界に固執せず、もっと視野を広げて人生を送っていただければいいと、私は思います。

ただし職員が辞める場合は、正式に手続きをするように求められます。教団の職員はボランティア扱いで、雇用契約を結んでいません。隆法のお情けで給料をいただいている形なので、労働時間はまったく管理されていないし、残業手当もボーナスもないし、「明日から給料はゼロ」と通告されても文句は言えない立場です。

雇用契約を結んでいないのですから、退職の手続きは必要ないはずです。しかし、「私は、職員を辞めてもエル・カンターレ信仰を捨てないことを誓います」という条項にサインをしなければ、退職金という名目のお金がもらえません。辞めてもアンチにならないように、という縛りを付けて退職届を書かせる。まるでブラック企業のようです。

ここで働くのはもう嫌だから辞めたいと思っても、職歴として「幸福の科学職員」が残りますから、再就職は困難です。そこまで見越して、我慢して働いている人もいます。

信者高齢化で財政難

隆法の一家は、東京の白金にある大悟館という教団施設で暮らしています。私も、

２００1年から２００5年までの間と、２００8年から２０１3年まで、そこに住んでいました。

20年くらい前の話ですが、２階の広いリビングに、隆法が高級なペルシャじゅうたんを買って敷いたことがあります。それを見て激怒したのは、小学校低学年だった次男の真輝です。

「こんなじゅうたんに60万円もかけるなんて、金銭感覚が狂ってる！」

と言ったのです。隆法は、

「何をそんなに目くじら立てるんだ。全然、理由がわからない。私の収入からしたら、60万のじゅうたんぐらい何でもないだろ」

と、まったく理解できない様子で、

「真輝、何を怒ってるんだ。お前は、スクルージおじさんみたいだな」

と言いました。ディケンズの小説『クリスマス・キャロル』に出てくる、守銭奴の名前です。真輝はこのあとしばらく、「スクルージおじさん」と呼ばれることになります。

そのやり取りを聞いていた私は、真輝の言う通りだと思いました。信者さんからは見えない家の中だし、安くて実用的なじゅうたんでいいわけです。小学生でそれを言った真輝はまともな感覚の持ち主だし、それを理解できない隆法は、そういう人なのです。

２週間後、その高級じゅうたんは、隆法が室内で飼っていたウサギにかじられて、ボロボロになっていました。

財政悪化

教団の収入は、母・きょう子さんによると、２０１１年にお布施だけで３００億円あったそうです。それ以外に各種祈願の代金、幸福の科学学園など付帯事業への寄付金、本の売り上げや映画の興行収入があります。

ただし信者さんの高齢化で、財政は悪化しています。お布施をしてくれる信者さんは20年近く同じ人たちで、平均年齢が65歳前後になっています。１９５６年に生まれた隆法のプラスマイナス5歳くらいが、信者のボリュームゾーンです。ちょうど定年退職で収入が減る年齢ですから、出せるお布施の額も自然と減っていきます。一方で、新しい信者は入ってきません。

にもかかわらず、政治活動やそのほかの事業への投資は増えています。総裁の身の回りのぜいたく品も相変わらずです。収入は確実に減っているのに、それ以上に使っているのです。２０１７年は、数百億単位の赤字だったはずです。

お布施だけでは賄いきれなくなったので、職員の給料を下げたりして経費を減らし、各地の支部を統廃合したり土地や建物を売って、なんとかしのいでいるのが現状です。地方でも大きな街には神殿のように立派な支部があって、資金力の象徴とされてきました。しかし２０１７年から２０１８年にかけて、全国の施設の約１割が閉鎖されたと聞きます。

新しい支部や精舎を建てるのは、もう無理だと思います。今後、さらに劇的な動きがあるかもしれません。あと数年すれば、教団の規模はかなり小さくなると思います。

著書がベストセラーになり、映画がヒットする理由

大川隆法の著書は、毎年ベストセラーランキングに入ります。その理由は、信者の

方々がまとめ買いをしているからです。

たとえば2018年は、年間ベストセラー第10位に『信仰の法』が入りました。出版取次会社のデータによると、調査期間中の売上冊数1万2096冊に対して、購入者数は325人だったそうです。つまり、1人が平均37・2冊買っていることになります。金額にすると、8万352円です。

これがベストセラー入りの理由です。隆法の著書は年間150冊くらい出版されますが、年に1冊だけ出る『法シリーズ』は力を入れて売る本なのです。

信者の勧誘と同じように、支部ごとに「この本は何冊買いなさい」とか「信者じゃない人に、何冊以上献本しなさい」といった目標があります。それにかかるお金は、もちろん信者さん個人の自腹です。実際に誰が何冊買ったかまではチェックしていないと思いますが、支部ごとに何冊売れたかという記録は残っています。

信者さんは、同じ本を37冊も買ってどうするのか。家に置くスペースもないので、人にあげたり、街頭で配ったり、支部の倉庫行きになったりします。支部へ行くとタダでくれるのは、そうやって集まってきた本です。

街頭で見ず知らずの人からいきなり本をもらっても、普通は読まないでしょう。気持ち悪いから、家に持って帰ることすらしないはず。ほとんどが、駅などのゴミ箱へ直行です。

最近は各地の成人式会場の近くで、本を配っています。２０２０年には私自身が、北九州市の成人式会場でその現場を目撃しました。10人くらいの信者さんが『鋼鉄の法』を配っていて、受け取った数少ない人も、その場でポイ捨てしていたのです。

「ポケットティッシュじゃないんだから、本の配布はやめたほうがいい」

と、私はずっと主張していました。マイナスＰＲにしかならないし、経営的に考えても無駄な投資でしかないからです。


幸福の科学は、映画製作に熱心です。私も一時期関わっていました。１９９４年の『ノストラダムス戦慄の啓示』という実写映画が最初で、以後は3年に1本ぐらい、アニメ映画を作っていました。最近は、また実写が増えています。当初は東映、いまは日活の配給で、一般の映画館でロードショー公開しています。

２０１９年春に『僕の彼女は魔法使い』を、映画館に潜入して観てきました。出家した清水富美加（法名・千眼美子《せんげんよしこ》）さんの主演映画です。カップルシートにずらーっと、1人ずつのお客さんが座っていました。1人で2人分の席を買っているのです。隆法は、ものすごく数字にこだわる人間です。著書のベストセラー入りもそうですが、映画の観客動員数も「1位を取りました」という記録が大切です。そこで信者さんが、前売り券をまとめ買いします。

興行ランキングでは上位に入っていても、実際に映画館へ行くとガラガラだったり、次回の上映もお客さんは同じ顔触れだったり、ということがよくあります。知り合いにタダで配っても、なかなか観に行ってもらえないので、チケットをまとめ買いした信者さんが映画館をいくつも回って、同じ作品を何度も観ているのです。黒字が出ているのは、そのおかげです。教団内では「ぐるぐる回転菩薩」と呼んで、ありがたがっています。

教義はオカルト

お布施と並ぶ収入源に、各地の支部で行なっている各種の「祈願」や「研修」があります。祈願には、

・病気平癒祈願
・劣等感克服祈願
・社長出世祈願
・営業の達人祈願
・天才児要請祈願
・放射能被害除去祈願
・花粉症好転祈願
・円形脱毛症回復祈願

など70種類ほどあり、費用は1回1万円から数十万円までさまざまです。1億円が目安のものまであります。

幸福の科学では、病気平癒祈願を受ければどんな病気も治るとされています。隆法は、医療や科学技術に対して否定派です。なぜなら、宗教にとって競合他社に当たるので、お客さんが流れると困るからです。

だから「薬なんか使わなくても、お祈りしておけば治ります。奇跡が起きます」とPRするわけです。ビジネス的な理由があるのです。

お祈りや願掛けをするのは、別にかまわないと思います。ただしそれは、医学的に実証された治療法の後でなされるべきです。いろいろな薬や治療法は、これまで医学に携わってこられた方々の努力と知恵の結晶なのですから、専門家に従ってそれを実践することが第一です。

その上で、精神的な安定を得るために「神様、助けてください」とお祈りをするのはいいと思います。その順序が逆になるのは、愚かなことです。

幸福の科学では、「過去世でも病気だったから、今世《こんぜ》も病気なんだ」とか、「あなたは何々星人という宇宙人だったから、他人に対する攻撃性が強いんだ」といった説明が、当たり前になされます。そういう根拠のないオカルトですべてを理屈づけようとするのは、本当によくないこと。それが、その人にとってプラスの方向の暗示であればいいのですが、過去世や宇宙人のせいにしてマイナスの現状を正当化してしまうからです。

幸福の科学に限らず、ほかの宗教でも科学技術を否定するような教義を掲げているところがあります。信者の方には、そういった教義には従わないことをお勧めします。

病気になったらすぐ病院へ行って、治療を受けたり薬をもらってください。お祈りは、その後にしてください。命や健康に関わる問題は、信仰より大事です。

本部職員の待遇と恋愛・結婚事情

隆法を支える教団には、私がいた頃で1100人くらいの本部職員が働いていました。給料を払うのも大変になったので、いまはリストラされて減っているかもしれません。

かつては学閥があって、東大卒など高学歴の人ばかり採っていましたが、最近は幅広くなってきたようです。そもそも職員になりたい人の母数が減っているので、選んでもいられないという事情があると思います。

地方支部の人事は人事局が決めるのですが、隆法の周りで働く職員の人事は、隆法自身が決めます。中枢の幹部や目を付けている新入職員は、自分で動かすのです。ただし、わずか1時間か2時間で異動になることもあります。何らかの事件やミスが理由になる場合もありますが、ほとんどは隆法の気分ひとつです。「誰々の生霊《いきりょう》が取り憑いてるから、もうこのポジションには置いておけない」などと、突然言い出すのです。

教団の中で出世するのは、ロボット的な人です。つまり、自分がない、または出さない人。指示に口答えをせず、忠実に従う人だけが出世します。隆法がこうしろと言ったら、何の疑問も呈さず、仰《おお》せの通りに行動できる部下だけが、幹部へ上り詰めていきます。

反対に左遷されるのは、自分の意見を言う人です。隆法が出した指示に対して、「総裁先生、ちょっとおかしいんじゃないですか？」とか「もっとこうしたほうがいいんじゃないですか？」と口をはさむ部下は、速攻でお役御免となります。

私は息子だったので、隆法に異を唱えても、ある程度長くクビがつながっていました。一般の職員さんがそういった言動を取れば、即刻悪魔扱いです。地方や海外の支部に飛ばされるなどして、中枢から外されます。

隆法は、自分の指示や思想に反論しない人が好きなので、周りをそういう人間で固めていきます。だから教団の中枢は、自分をもたない人ばかりです。「主と一体になる」という言葉がよく使われるのですが、「隆法総裁と考え方や行動が似てくるのは素晴らしい」という教えがあります。大川隆法に近づけば近づくほど、神に近い存在になれるのです。

給料は、本部の職員や支部長で月に30万円、ヒラの職員だと15万円程度でしょうか。部長クラスになると40万円くらい。以前は年に2回ボーナスが支給されていましたが、まだ私がいる頃に「経営的に厳しいので、この冬からはボーナスなし」という話が出ていました。なのでいまは、基本給ももっと減額されているかもしれません。

私が教団の芸能プロダクション「ニュースター・プロダクション」の社長をしていたとき、お子さん2人の大学入試と高校入試が同じ年に重なった職員さんがいました。40万円のボーナス2回分が消えてしまったので、お子さんたちに私立は諦めるように話すと言っていました。

宗教法人の職員というのは企業の社員と違って、労働基準法などの法律で守られていません。隆法のさじ加減ですべて決まってしまうので、

「お前、明日から給料ゼロな。だけど、30日フルに出勤して働けよ」

と言われたら、それが通ってしまう非常に怖い職場です。

人事もすべて、隆法の思い付きです。ひどいときは、異動の辞令が出て3時間後に新しい辞令が出ることもあります。名古屋から東京へ転勤になって、東京に着いたときには再び名古屋に異動という辞令が出ていて、新幹線のホームからそのまま引き返した例を、私は実際に見ました。

休みも自由に取れないので、非常にブラック・オブ・ブラックな労働環境だと思います。過労死する職員さんもいると聞きます。メスを入れたら、悲惨な事件や事故が出てくるに違いありません。

そんな境遇と別格なのが、宗務本部に所属する女性職員です。教団では毎年、新入職員リーディングという行事をやります。新しく入ってきた職員の過去世を見る、というイベントです。そこでものすごい人が出てきたら、いきなり1年目から局長になったり、高給取りになります。特に女性職員の場合、これがよくあります。新卒の22～23歳で、仕事の実績は何もないのに、「この人は三国志の孫権の生まれ変わりだ」と隆法が言ったら、いきなり専務理事として、月給100万円を超えてしまうのです。一度その給料になったら、ずっと同じ金額を払い続けます。下げると生活水準が落ちてしまうので、文句が出るからです。大した仕事はしていないのに高い給料をもらい続けている女性職員が、だからたくさんいます。

宗務本部を離れて別の部署へ移っても、彼女たちの高い給料は変わりません。ただし、高い給料をもらい続けるには条件があって、独身でい続けることです。結婚すると、隆法が嫉妬するからです。

ほかの部署から宗務本部へ異動になる女性職員は、それまで付き合っていた恋人と別れなければいけません。大悟館の霊域が乱される、というのが理由です。大悟館は教祖殿なので、そこで働く女性は巫女でなければいけないのです。別れたフリをして付き合っているのがバレると、以後の出世は閉ざされます。

女性職員が結婚する際は、隆法総裁にお伺いを立てなければいけません。許可が得られても、その女性職員の給料は下がり、夫婦ともども出世街道から外れて地方の支部へ飛ばされます。隆法の許可が得られず、独身のまま年を重ねていく女性職員が、だからたくさんいます。

隆法の勧めに従って、職員同士で結婚するカップルもいます。妹の咲也加と弟の真輝も、結婚相手は職員さんから選ばれました。

幸福実現党をやめない理由

幸福実現党は、2009年5月に結党されました。まず、この年7月の東京都議会選挙に10人擁立して、全員落選。翌月の衆議院議員選挙では、全国ほぼすべての小選挙区と比例区に337人の候補者を立てました。

その総選挙に臨むに当たって、隆法と話したことがあります。「全選挙区に候補者を立てる」と言うので、「それは無理でしょう」と答えました。けれども、「どうしてもやるんだ」と言って聞きません。

「天上界の桓武天皇が、25議席当選するって言ってる」とか「行基が、50議席当選するって言ってる」というレターを毎日書いてきましたから、本人はそう思い込んでいたのです。

信者さんの人数を考えれば国政選挙で当選者が出るわけないことは、信者さんも職員さんもわかっていました。イエスマンばかりの幹部たちも、さすがに政治への進出には反対しました。それでも隆法は、

「これはミッションなんだ。高級霊が、今やらなければダメだと言っているんだ」

と、聞き入れませんでした。

結党当初から、党首をコロコロ替えたり、隆法自身が出ると言ったり出ないと言ったりして迷走続きだったのは、不安もあったからでしょう。冷静になって情勢を分析し、一人も当選する見込みがないと知ると、「恥をかきたくないから撤退する」と言い出し、正式に発表しました。

その時点では、候補者になったために会社を辞めたり、周りの人間関係を断ち切って選挙に臨もうとしている信者さんが、たくさんいました。そこで私は、隆法を諭しました。

「いまさら、それはダメだよ。一人も通らないなんて、あなた以外は最初から知ってたんだよ。わかった上で『これは総裁先生の夢だから』と覚悟を決めて戦ってきたんだ。その気持ちを無駄にしてはいけない。ここで撤退したら、信者さんたちの気持ちは離れるよ」

投票日は8月30日で、撤退を表明したのは13日。撤退の撤回を発表したのは、3日後の16日でした。選挙が終わり、当選は予想通りゼロ。比例近畿ブロック単独1位で出馬した隆法自身も、落選しました。

ところが、現実を突き付けられた隆法の感想は、「世の中の人たちの信仰心が足りない」でした。こういうとき引き合いに出すのは、たいていキリストの受難の話です。「イエス・キリストもあれだけ正しいことをしたのに、当時の周りの人間たちが無理解だったから、十字架にかけられた。世の中が間違っているんだ」

オウム真理教の麻原は、総選挙に全員落選して「これは国家の陰謀だ」と言って武装化に走ったそうです。隆法の発想は「我々に票を入れない世の中が間違っている。その価値観を我々が正さなきゃいけない」と考え、また次の選挙に挑むというものでした。

「本気で政権を取りたいのなら、数十年スパンで考えた方が良い。いきなり国政選挙は無理だから、地方選から着実に当選者を出して、地道に勢力を拡大していった方が良い」と提言しましたが、隆法は聞き入れませんでした。「あくまで『自分が』総理大臣になりたい」ということだったのでしょう。数十年も待っていたら間に合わなくなってしまいますから。以後10年、国政選挙があるたび大量に候補者を立ててきましたが、当選できたことはありません。立候補の供託金はすべて没収されているので、数百億円になっているはずです。

２０１９年の参議院選挙で、幸福実現党の比例代表の得票は約20万票でした。２０１７年の衆議院選挙では約29万票でしたから、２年の間に、３分の２に減っています。

地方自治体の首長選挙でも当選はありませんが、議会選挙ではこれまでに39人の議員が出ています。小さな市町村だと、無投票だったり、11人立候補して10人当選といった場合があるので、わりと通りやすいからです。

これ以上やっても無理だと、隆法は気が付いているに違いありません。しかし、現実を受け入れられないのです。本人が二度と立候補しないのがその証拠で、同じ恥はもうかきたくないからでしょう。

その後も「総裁先生、もう選挙はやめましょう」と言う幹部はいました。「あまりにも財政的に厳しいので、一円でも経費を減らしましょう」とか「候補者数を絞りましょう」と。私も何回か言いました。「もう、結果は見えているから」と。

いまでもやり続けているのは、政治が隆法の積年の夢だということを周囲が理解して、「総裁先生の夢をかなえてあげよう」と応援しているからにすぎません。

弟の真輝と裕太は一時期、党の役職に就いていたことがありますが、私は一切かかわっていません。出馬を打診されたこともありません。仮にオファーがあったとしても、結果がわかっているので絶対に断わっていたと思います。

“日本のトランプ”になるのが隆法の夢

幸福実現党を立ち上げる前は、自民党代議士の故・三塚博さん、小池百合子さん、丸川珠代さんなどの選挙を応援していました。隆法が、考えが近そうな人の政策に共鳴したからだと思います。お付き合いで信者になる人もいて、最近ではNHKから国民を守る党の立花孝志党首が、幸福の科学の信者だとYouTubeで公言しています。

なぜ自前の政党を作ったのかというと、総理大臣になることが隆法の夢だからです。総理になるために必要な時間を逆算して、あの時期から始めなければ間に合わないと考えたのだと思います。

しかし、政治には時間がかかります。いまは与党になっている公明党も、議席数を伸ばして政権に加わるまで、30年以上かかっているわけでしょう。それくらいの時間は覚悟してやらなければなりません。

隆法は東大法学部の政治学科を出ていますが、30年ほど前の講演会から「日本の政治制度を改革したい」「この国の在り方を変えたい」と言っていました。ただし細かく見ると、主張は変わっています。現在は、憲法9条の改正や核保有を政策に掲げるなど、相当な右寄りです。原発についても推進派ですが、昔は「原発は地球を滅ぼす」「温暖化は神々の怒りだから、地球を滅ぼす科学技術は廃止せよ」と、むしろ左寄りの主張でした。

隆法は政治の話が大好きなので、家の中でも宗教の次くらいに話題にしていました。以前は民主党の政策がダメだとか、最近だと安倍首相はダメだとか、ニュースを見ながら喋っています。国防をしっかりすべきだとか減税すべきだと、幸福実現党の主張と同じような話です。

けれども、テレビや新聞や雑誌の情報が元になっているだけなので、机上の空論というか、理念上はこうなるはずだと言っているにすぎません。

幸福実現党の政策で「日本ファースト」や大統領制の導入を唱えている通り、日本の大統領になりたいというのが隆法の願いです。総理大臣というより、ドナルド・トランプになりたいのです。

日本という国を、自分の思う方向に動かしたい。国家の舵取りをしたい。それは国民や公に奉仕するのではなく、自分の力を誇示したいというメンタリティーです。トランプ大統領のように、実業家としても政治家としても成功するのが理想。しかし残念ながら、そこまでいかなかったのが現実です。

政治活動の資金は、教団からの借り入れが中心です。その額は、多いときで100億円を超えました。財政が厳しくなった教団は、年に20億円のペースで回収を進めているそうです。

教団の中枢にいる人たちは、イエスマンではあっても数字は全部見ていますから、財政状況はよくわかっています。一番の悩みの種が、幸福実現党です。幸福実現党に所属する職員の人たちは、教団内で肩身が狭いと思います。

いつまで続けるのかという議論は、教団内で今後出てくるはずです。不採算部門に過大な投資をしていることで、構造的な赤字が生じているからです。最近の国政選挙で候補者の人数が減っているのを見れば、撤退は時間の問題かなという気もします。

「幸福の科学学園」設立は、弟のいじめ問題が発端

幸福の科学は、「幸福の科学学園」と「ハッピー・サイエンス・ユニバーシティ（HSU）」を経営しています。前者は中学・高校の学校法人で、2010年、栃木県の那須町に開校しました。2013年には、滋賀県大津市に「幸福の科学学園　関西中学校・高等学校」が開校しています。教義に基づく偏った教育を行なっていますから、学校法人としては大いに問題ありです。

歴史の授業で、隆法の後妻である紫央《しお》さんの過去世が坂本龍馬であり、龍馬の過去世は劉備玄徳だと教わるのです。幸福実現党の党首・釈量子さんの過去世が源頼朝であるということも、教えられます。

HSUは、「幸福の科学大学」として2015年春の開学を予定していました。千葉県の長生村に校舎も建てたのですが、2014年10月に文部科学省の大学設置・学校法人審議会が、開設不可という結論を出しました。教義や霊言を必修科目に入れようとしたところ、大学設置基準を満たしていないと判断されたのです。〈科学的合理

性が立証できていない「霊言（霊言集）」を本大学における教育の根底に据えるということは、（略）認められない〉というのが、文科省の見解でした。

このとき、教団側に立って文科省との仲介役を務めたのが、自民党の萩生田《はぎうだ》光一代議士です。文科省は、学長予定者が教育経験をもたない点にも難色を示していたのですが、萩生田さんは「開学時だけ別の人間に替えて認可を得て、2年目から就任させれば、介入は受けない」などと、実に具体的なアドバイスをくれました。

しかし開設不可という結論が出て怒った隆法は、下村博文・文科大臣（当時）の霊言を行ない、さんざん悪口を言った内容を書籍にしました。さらに、その本を大学設置・学校法人審議会の関係者に送りつけて、怒りを買いました。自ら、問題をこじらせてしまったのです。

17ヘクタールの敷地に百数十億円をかけた校舎も完成していたので、HSUは大学でも各種学校でもない単なる私塾として、2015年春にオープンしました。「大学」を名乗れないので、横文字にしたのです。「現代の松下村塾だ」と称していて、人間幸福学部、経営成功学部、未来産業学部の3つがあります。のちに未来創造学部が、東京の江東キャンパスに新設されました。

霊言の本を送り付けるなどしたせいで、文科省からは「2019年10月末までは、学校法人幸福の科学学園による大学の設置を認めない」という、異例のペナルティーが科されてしまいました。

その5年が過ぎたタイミングで文科大臣の地位に就いていたのは、奇しくも萩生田さんです。HSUは、2021年4月を開学予定として再び設置認可を申請し、萩生田文科大臣は大学設置・学校法人審議会に審査を行なうよう諮問しました。結論は、2020年秋に出るようです。

幸福の科学学園に在籍する中高生は信者のお子さんですが、優秀な生徒もいます。那須本校のホームページを見ると、2019年春の大学合格実績は、東大3名、早稲田9名、慶応1名などとなっています。しかし大きく宣伝されているのは、「〝高等宗教教育機関〟ハッピー・サイエンス・ユニバーシティ69名合格」です。こちらがエリートの王道というか、東大へ行くより価値がある道だと教えられます。2015年以後は卒業生の8割が大学へ進学せず、HSUに入っているようです。

HSUの1学年の定員は290人で、2019年春に一期生が卒業しました。就職内定率は99％だと称していますが、大卒の資格は得られないので、苦労しているはずです。

教団本部の職員として採用されるのが、おそらく20～30人。あとの人たちは、幸福の科学の信者が経営する会社やシンパの企業に雇ってもらったりします。それも数に限りがあるので、専門学校に入って資格を取り直す人もいるようです。

そもそも学校を作るという発想は、下の弟の裕太が公立小学校でいじめに遭ったことがきっかけです。「裕太が通える学校を建てよう」という話から始まって、「いまの学校教育は駄目だ」という話にまで広がったからです。

結局、設立が間に合わず、裕太は幸福の科学学園には行きませんでした。一番下の妹の愛理沙は幸福の科学学園の中学から高校へ進み、ハッピー・サイエンス・ユニバーシティに入学しています。

第二章

大川家で生まれ育つということ

大川家の食卓

子どもたちが小さかった頃は、家族揃って食事をするのが習慣でした。長いテーブルの端っこに父と母、きょうだいは順番に、と座り位置が決まっていました。朝食は7～8時、昼食は12時～13時、夕食は18～19時で、3食それぞれ約1時間ずつかけます。

でも小学生になって、放課後に塾や習い事に通い始めると、全員が揃わない日も出てきました。家に帰るのが、夜の9時半とかになる日もあったからです。

隆法は、会議など用事がある日は教団の本部へ行きますが、何もなければ、基本的に家で本を読んで過ごしていました。だから昼ご飯のときも、週の半分くらいは家にいたと思います。

食事の間は、ずっと隆法がしゃべっています。「最近、仕事がうまくいかないな」とか「職員の誰々はダメだ。B型だし」とか、ほとんど人の悪口ばかり。とにかく、独りでしゃべり続けているのです。

子どもたちは、相槌を打つだけです。ときどき「最近どうだ？」みたいな他愛ない質問があって、何かバカなことを答えてしまったり、総裁の子にあるまじき失言をした場合、横で見ていた担当の女性秘書から、食事のあとに体罰を受けます。3、4歳の頃から、ずっとそうでした。

罰の重さは、失言の度合いによって変わります。一番軽いのは「松葉」。人差し指と中指の2本で太ももをピシッとぶたれると、松葉のような跡がつくのでこう呼ばれます。次は、指が5本の「紅葉」。そうやってできたアザをぐりぐり押されるのも、痛かった。次が「お尻ぺんぺん」で、普通は10回。最も重い刑罰が「スーパーお尻ぺんぺん」で、100回でした。

子どもたち1人に1人ずつ、教育責任者みたいな秘書がついていて、子どもの出来によって評価が変わります。秘書の方も、生活がかかっているから必死です。というのは、隆法から「この子の教育はなっていない」と判断されると、クビが飛ぶからです。きょうだいがケンカしても、秘書の方がクビになることがあります。もう少し大きくなって進学塾の四谷大塚に通い始めると、月例テストや週例テストの順位が落ちるだけでクビです。

秘書の給料は、一般の職員より格段に高く、理事になれば約80万円です。入ったばかりの女性職員でも、常務や専務の肩書きをもらうと100万円を超えていました。そんな秘書の仕事をクビになると、地方の支部へ飛ばされたりします。秘書部門は出世コースでもあって、一度抜けると戻ってくるのはなかなか難しい。秘書の人たちは、私たちの不出来のせいで高い給料や地位を失うのが嫌なので、自己保身のために殴るのです。「余計なことを言わずに、おとなしくしていろ」というわけです。

「バカ波動を出すな！」

夕食後は、リビングでじーっとして過ごします。観ていいテレビ番組は決められていて、「これでわかる日本の歴史」といったような、ＮＨＫ教育テレビの録画が中心でした。ほかにドラえもん、ウルトラマン、ポケモンは許されましたが、クレヨンしんちゃんはダメ。リビングに1時間くらいいたら、各自の部屋へ戻るという生活です。

食事のあと、隆法はリビングで読書をすることが多いのですが、子どもたちはまだ小さかったので、周りで遊んで騒いでしまうこともありました。すると隆法に、「うるさい！　バカ波動を出すな！」と怒られます。幸福の科学では、波動という言葉をよく使います。

そういうふうに隆法から怒られたあとは、やはり秘書の方から体罰です。「食事中と食事後のリビングでは、絶対しゃべるな。とにかくしゃべるな」と、厳しく言われていました。

きょうだいの中では私が一番、体罰を受けていたと思います。下の子たちは、それほど厳しくされていませんでした。「宏洋お兄ちゃんが後継ぎで、みんなはそれを支えなさい」というスタンスだったからです。

秘書が子どもたちをこっそり殴っていることを、両親は知らなかったかもしれません。子どもたちも、「秘書さんにぶたれた」と隆法やきょう子さんに言い付けたりはしません。そのことで秘書の方が叱責を受けたりクビにでもなれば、恨みが何十倍になって返ってくるかわからないからです。

とにかく食事中は、失言をしないことが一番大事。ずっと無言でいたかった。しかし話しかけられたときは答えないといけないので、いかに失言しないかを考え、常に用心しながらしゃべる。そんな幼少時代でした。


母のきょう子さんは、共働きだったせいもあって、家事をまったくしませんでした。毎日の食事は、料理長さんと呼ばれる職員が作ってくれました。すごい豪勢な料理が出るわけではありません。特に隆法が心臓の病気をしたあとは、一気に精進料理のようなメニューに変わりました。胚芽米みたいなご飯に、塩分と糖質控えめのおかずです。家族も同じものを食べさせられました。

胚芽米は、栄養価は高いのでしょうが、「牛が食べてる枯草って、こんな感じなんだろうな」と想像してしまう味です。しかも、どんなおかずとも合いません。私は食べ盛りの中学生だったので、全然おいしくなくて非常に苦痛でした。

だから家ではなるべく食べず、牛めしの松屋などに行って、ご飯を大盛りにして食べていました。白いお米が食べられるだけで、「松屋って本当においしいな」と感激していたのです。あとは塾の帰りに、ご飯おかわり自由のラーメン屋さんなどへ寄って、白米を堪能していました。

大川家の日常

家は練馬の武蔵関のあと、新宿、品川区五反田の池田山、栃木の宇都宮、また池田山に戻って、港区白金へと転居しました。私が小6のときからは、ずっと白金です。新宿は戸山公園の近くで、1年前後いました。次が池田山にある、赤いレンガ造りの高級賃貸マンションです。3階建ての東棟と西棟を、丸ごと借り切っていました。記憶が正確かどうかわかりませんが、ワンフロア100万だと聞いた気がします。だとすると、6フロアで月々600万円の家賃を払っていた計算です。

ワンフロアに、20畳くらいのリビングとダイニング、お風呂が2つ、部屋が4つあって、秘書の方も住み込んでいました。男性も女性もいました。

その頃、隆法はリンカーンのリムジンを買いました。値段は、2、3000万円したはずです。普通の車より、長さが2倍くらいあります。ところが五反田の道は狭いので、曲がり切れない角が多く、ほとんど乗らないままでした。

運転手さんから、

「宏洋くんの塾の送り迎えに、この車を使ってもいいかな」

と打診されたことがあります。「使わないと、もったいないからさ」というのです。小学生の塾通いに、リンカーンのリムジン……。

「それはちょっと、勘弁してくれませんか」

私は必死に断わりました。信者さんの貴重なお布施で購入されたその車は、結局1年たたずに手放されました。

前にも触れましたが、池田山に2～3年住んだあと、栃木県の宇都宮に移りました。家を建て、教団の本部機能も一時期すべて宇都宮に移転したのです。2年くらいして、再び池田山のマンションへ戻りました。

2000年に大悟館という家を白金に建てて、そのあと一家はずっと大悟館に住んでいます。1階にリビングや食堂、住み込みの職員さんたちの部屋、2階に子供部屋、3階と4階に隆法ときょう子さんの部屋がありました。

大悟館の隣りに裁判所の宿舎があって、買い取ろうとしたのがうまくいかず、20

17年になってマンションの建設計画が持ち上がりました。大悟館より高い建物になる計画だったため、教団は激しい抗議運動を行なっています。「ここは宗教の神域・降霊場にて、隣でのマンション建設・騒音はお断り」という横断幕を掲げ、私道に守衛ボックスを建てて、工事車両の出入りを妨害しました。

勉強部屋に監視カメラ

池田山のマンションのときから、5人の子どもそれぞれに、勉強するための個室と寝室が与えられました。勉強部屋には、監視カメラが付いています。寝室は10畳くらいの広さがあって、ベッドや洋服ダンスが置いてありました。

大悟館に移ってからの寝室は、2階を使っていたときは23畳ぐらい。あとで詳しく述べますが、中学受験に失敗して教団の後継者から外されて以降は、1階のスタッフルームの8畳くらいの一室を使うようになりました。

掃除や洗濯などの家事は、女性の職員さんがやります。池田山のときは、20人弱。大悟館に移ってからは増えて30人くらいが、常に働いていました。子どもたちに1人ずつついている教育担当の秘書は、生活全般を監視する係でもあります。しかし子どもたちが粗相をするたびコロコロ異動になるので、あまり記憶に残っている人はいません。同じ人が長く担当することは、なかったように思います。

リビングには毎日、秘書の方が作った家族全員のスケジュール表が貼り出されます。朝は何時に起きて、学校へ行って、放課後は何時から塾に行くなど、いま誰が何をしているか正確にわかるようになっているのです。

スケジュールは細かくて、放課後は何時から何時まで勉強とか、習い事もピアノや水泳など週7日すべて埋まっていました。毎日、決められたメニューをこなす生活でした。

きょうだいみんな忙しいので、誰かの部屋に集まって遊ぶようなことは、ほとんどありません。それぞれ担当の秘書が付いて、スケジュールも別です。食事のときぐらいは顔を合わせますが、特に仲良くもありません。一緒にいる時間が、一般的なきょうだいより少ないからです。日常会話はしますが、小さいときから個人個人という感じでした。

家族旅行はオフィシャルな行事

普通の家族と同じように、みんなでディズニーランドに行ったことも何度かあります。といっても、何人も付いてくる秘書の方が、アトラクションの列に並んで、パレードの場所取りもして、家族が並んで写真を撮るときは、「すいません、撮りますので離れてください」と通行人を遮って「はい、撮りまーす」という感じです。

家族で遊びに行くというより、教団のオフィシャルな行事という雰囲気でした。楽しかった覚えはありません。下手なことをするとまた怒られるので、どれだけ粗相しないかにばかり気を遣っていました。

そもそも、お父さんお母さんと一緒に遊びに行くのが楽しいとか、親に甘えるという感覚が、いまだに私はわかりません。直接触れ合った記憶がないので、一般的な父親や母親に対する感情というのが、皆無なんだと思います。両親と、その辺にいる男の人や女の人というのが、感覚的に何も変わらないのです。

隆法は、子どもたちの前で自分のことを「パパ」と言います。ですが子どもたちには、「先生と呼びなさい」と言いました。親子である前に宗教の師匠だ、という立場があるそうです。だから子どもたちはみんな、家の中でも「先生」とか「総裁」と呼んでいます。

ディズニーランドで撮った記念写真は、信者さんなどに公開したり配ったわけではありません。だから、何のためにオフィシャルな家族行事をしていたのかよくわからないのですが、天皇ご一家のイメージだったのだと思います。毎年夏に軽井沢の別荘で3週間過ごすのですが、そのことも「ご静養」と称していたからです。

軽井沢の別荘にも映像収録用の部屋があるので、隆法は説法を撮影したり、仕事をしていました。子どもたちは基本的に、朝から晩まで勉強です。オフィシャルな家族行事があるときだけ同行する、というスケジュールでした。軽井沢での家族行事は、朝晩の食後にカブトムシを取りに行ったり、野菜狩りに行ったり、夕食後に花火をしたり、といったイベントです。

隆法は徳島の田舎の出身なので、虫が大好きです。秘書の方が夜の間に、木の枝にシーツを広げておきます。朝になって隆法が、シーツに張り付いているカブトムシやクワガタを見つけて、「おー、いたぞ!」と大喜びします。

でもそれは、秘書の方が買ってきて張り付けていただけ。ウチの別荘があった場所には、カブトムシやクワガタが生息していなかったのです。たまたま私は、朝6時半くらいに散歩していたら張り付け現場に遭遇してしまい、真実を知りました。だからカブトムシやクワガタを見つけて喜ぶ隆法に、「よかったね」と優しく声をかけてあげました。

軽井沢では釣り、流しそうめん、テニスもやりました。テニスの試合になると隆法は、小学校2年生の私を相手に、本気でサーブを打ちます。隆法は学生時代に部活でテニスをやっていたので、こちらは返せるわけがありません。たとえ子どもも相手でも勝たなければいけない。自分が1番でなければいけない、という固い信念を持っているのです。

クリスマスと初詣

幸福の科学の教義では、三大宗教について、こう解釈しています。仏陀は大川隆法の過去世であり、イエス・キリストが「天にましますわれらの父よ」と呼んだ「父」が大川隆法であり、アッラーは大川隆法である。すべての宗教の上にエル・カンターレが位置するので、幸福の科学は、他の宗教の慣習には寛容でした。

ただし、オウムと創価学会だけは別です。いわば競合他社なので、お客さんを取られないように気にしていました。「創価学会は邪教だ」と、隆法はいつも言っていました。

なのでクリスマスやお正月は、大川家でも普通に祝っていました。クリスマスには、若手の男性秘書がサンタとトナカイのコスプレをして、クリスマスソングを歌ってくれます。サンタとトナカイの役は、秘書の方にとって出世の登竜門といわれていました。過去のサンタ経験者、トナカイ経験者は、だいたい幹部になっています。

両親からのプレゼントは、参考書や漫画の日本の歴史本です。誕生日のプレゼントも、小さい頃は参考書や文房具などの勉強グッズばかり。大人になってくると、ネクタイや時計が出てきました。ケーキも料理長さんが作ってくれて、家族で一緒にお祝いをしました。クリスマスも誕生日も、私にとってはオフィシャルな行事でした。

初詣では、幸福の科学の施設へ行きます。元日の朝、泉岳寺に近い東京正心館へ子どもたち5人と秘書の方だけで行って、館長さんから新年の説法を聞くのが恒例行事です。館長さんにとって、これは恐怖の儀式でした。説法の内容が面白かったかどうか、昼食の席で子どもたちが隆法に報告するからです。「つまらなかった」という感想が多ければ、館長さんは正月早々クビが飛んでしまいます。

東京正心館から帰宅すると、正装して、なぜかメイクもして、家族の集合写真を撮ります。毎年必ず、そうやって写真を撮っていました。

お年玉は、成人するまでもらっていました。最後は、3万円から5万円ぐらいでした。

普段のお小遣いは、小学校のときはありません。中学に上がると毎月3000円。高校は一人暮らしだったのですが、生活費として月々5万円もらっていました。

「フライデー騒動」の記憶

隆法は、自分や教団への悪口にとても敏感で、絶対に無視しません。プライドが許さないのでしょう。どんなに細かい批判でも、信念をもって潰しにかかります。どんと構えて受け流す、ということはできない性格です。

自分の考えに異論をはさむ人間は、徹底的に叩きます。分派活動を最も嫌うので、教団内部に対しては特にそうです。たまに「霊の声が聞こえるようになりました」と称する信者さんが現れるのですが、その人自身の霊を呼び出して「悪魔がついているだけだ」と言わせたりして、潰していました。

週刊誌などの批判記事に対しても、抗議や訴訟を執拗に繰り返してきました。最も有名なのが、教団の批判キャンペーンを行なった講談社の写真週刊誌『フライデー』に対する抗議活動です。

「講談社フライデー全国被害者の会」という組織を作って、有名人信者だった作家の景山民夫さんを会長に、女優の小川知子さんを副会長に立てました。講談社の社屋前に数百人の信者を動員して抗議デモを行なったほか、『フライデー』編集部だけでなく講談社のあらゆる部署に、ひっきりなしに抗議の電話をかけたり、膨大な量のファクスを送信しました。名誉棄損による損害賠償を求める裁判も、全国の裁判所で一斉に起こしています。

裁判は長く続き、幸福の科学の言い分が通った点もあれば、請求が認められなかった点もあります。逆に、業務妨害で講談社から提訴されて、教団が負けた部分もありました。

といっても、フライデー騒動が起こったのは1991年のこと。私はまだ2歳でしたから、直接の記憶はありません。覚えているのは、家にあった絵本の「講談社」という表記が全部、黒マジックで塗り潰されたことくらいです。

生まれは母の実家の産科医院

母・きょう子さんの実家は産婦人科医院で、私はそこで生まれました。祖父が取り上げてくれたのだと思います。場所は秋田県の矢島町《やしままち》。いまの由利本荘市です。

3歳頃までは、東京・練馬の家と秋田の母親の実家を行ったり来たりしながら育ちました。教団のナンバー2だったきょう子さんが、私を産んで2カ月後から働き始めたことと、隆法の講演会などが立て込んだとき、準備のために本を読むのに、赤ん坊が家にいるとうるさかったからでしょう。

教団が大きくなり始め、徐々に大きな会場で講演会を開くようになった時期、私とすぐ下の妹の咲也加は、秋田の祖父母に長い間預けられていたのです。

きょう子さんの実家は、家と医院が併設されていました。矢島町は、秋田の内陸です。冬は雪がたくさん積もるので、2階のベランダから出入りしていました。祖母は東京の家にも来てくれた時期があったので、両親よりも祖父母と過ごした時間のほうが長かったくらいです。

隆法は母方の祖父母とはあまりそりが合わなかったらしく、秋田には1、2回しか来たことがないはずです。その頃、父と一緒に過ごした記憶はほぼありません。

3歳からは、練馬の家で暮らしました。幼稚園には行かず、朝8時から夜8時まで、家でずっと勉強していました。幸福の科学の基本的な経典『太陽の法』などを、小学校へ上がる前には一通り読んでいました。子ども向けではないのですが、ふりがなを振ってあるし、内容は何となくわかります。幸福の科学の本には理論書シリーズと霊言シリーズがあるのですが、当時出ていた理論書は小学校に入る前に全部読み終わりました。

東大や一橋大を卒業した秘書の方が家庭教師について、教養以外の普通の勉強もやっていました。小学校6年間で勉強する内容は、入学前にだいたい教わっていました。

習い事もたくさん通っていて、ピアノ、水泳、テニス、剣道、器械体操、歌、図画工作。それと、小学校受験用の塾にも行きました。伸芽会です。

小学校に上がる頃には品川区五反田の池田山に引っ越していましたが、越境して港区立白金小学校に通いました。白金小は、8割ぐらいが中学受験をする学校だったからです。オウム事件のあと宇都宮の小学校に転校して、2年後に白金小に戻りました。

小学校では集団生活になじめず

習い事に行くと同じ年代の子がたくさんいましたが、仲良くなったり、一緒に遊ぶことはありませんでした。レッスン以外に関わりをもたず、終わったらすぐ帰っていたからです。小学校に上がるまで、友だちは一人もいませんでした。

だから同世代の子どもと接するのも集団生活も、小学校が初めてです。最初は苦労しました。どうしゃべっていいかわからないし、話も合いません。流行《はや》りのテレビを観ていないので、『クレヨンしんちゃん』の話などされても全然わからず、輪の中に入っていけないのです。

学校の勉強は、「あいうえお」から始まるので苦痛でした。算数の授業で「1足す1は?」「2!」とやっているとき、私は家でプラスマイナスの計算をやっていたんです。なので、教科書の同じページを開いているのも苦痛でした。先生から「いまは8ページを勉強してるのに、どうして42ページを開いてるの!」と怒られました。

授業はあまりに退屈すぎて、ほとんど睡眠時間になりました。学校へ行くと寝る習慣がついてしまったので、高学年になるにつれて、成績はどんどん落ちていきます。

家から離れた白金小学校に越境入学したので、毎日、車で5分ほどの距離を職員さんに送り迎えしてもらいました。学校の近くで車を降りて、終わったら同じ場所から迎えの車に乗って、まっすぐ帰宅します。車は普通のセダンですが、防弾仕様だったはずです。そのうち「いつもシルバーの車が停まってるけど、あれ何なの?」といった会話を耳にするようになりました。

学校で「大川隆法の息子だ」という目で見られるようになったのは、高学年くらいからです。「お前の親父、アレなんでしょ」みたいな言い方をされました。隆法が学校行事に関わったことは、一度もありません。きょう子さんが確か1回、授業参観に来たことがあるくらいです。

友達の家に行ってはいけなかったので、一般的な家庭がどういう感じなのかわかりませんでした。我が家が特別だとうすうす理解するようになったのも、高学年になってからです。

6年生のときに一度だけ、クラスメイトの家へ行ったことがあります。彼がゴミ捨て場で拾ったアダルトビデオを観るためです。お母さんが夕方まで帰って来ないというので、彼の家でみんなで観ようと私が提案しました。正門から学校を出ると迎えの車が待っていますから、こっそり裏口から出て、彼の家へ行きました。

ところが、友だち5人くらいで楽しく鑑賞している最中、予定より早くお母さんが帰って来てしまったのです。お母さんは即座に学校へ通報し、首謀者に仕立て上げられた私は、きょう子さんから「恥を知りなさい！」とビンタを食らいました。

初めて観たアダルトビデオの印象が強すぎて、初めて行ったよその家の印象はほとんど記憶に残っていません。当時のクラスメイトとは成人式で再会して以来、たまに集まって飲みに行ったり、ゴルフに行ったりしています。

我が家では観ていいテレビに制限があったほか、漫画やゲームはすべて禁止。しかし、きょう子さんがポケモンのゲームにはまってしまいました。自分がやっているものだから、子どもにダメとは言えず、「1日30分だったらいいよ」という許可が出ました。小学校4年くらいのときです。たいていのルールは、親のさじ加減ひとつで変わります。

楽しい思い出といえば、そのポケモンのゲームボーイをこっそり買ったこと。お小遣いは渡されていなかったので、買い食いなどはできません。しかし、どこかではぐれたりしたとき家に帰るためのタクシー代として、1万円渡されていました。「非常時にしか使っちゃ駄目だからね」と言われて、リュックサックの中にしまってあったのです。

小学校4年から通い始めた学習塾の四谷大塚はお茶の水にあって、隣の駅が秋葉原です。ある日、学校が終わってから塾が始まるまでの間、秋葉原の電気街を散歩してみました。そうしたら、ゲームボーイポケットとソフトの「ポケモンの赤」を、合わせて9000円くらいで売っていたのです。「買える!」と思った途端に魔が差し、気づいたときは買っていました。

両親や秘書の方に隠れて、家のトイレの中などで遊んでいました。ところがある日の夜、自分の部屋で布団をかぶって熱中していたら、秘書の方が突然ガチャッと入ってきて、「見せなさい！」。ガッと奪われて、目の前でバンと叩き割られました。

こんな不祥事が隆法にバレたら、その秘書の方は一発でクビですから、仕方ありません。諦めるほかありませんでした。

100点以外は認めない帝王教育

小学校時代までの私は、教団の後継者として周りから守り立てられていました。「後を継ぎたい」と思ったことも、「継ぐか」と訊かれたこともありません。最初から「そういうことだから」と決められていたのです。

そのため、勉強については非常に厳しい指導を受け、4、5歳の頃から学歴の目標を定められていました。中学校から私立の麻布か開成へ行って、東大法学部に現役で合格しなさいと言われていたのです。「東大早慶以外は大学ではない」と、隆法から繰り返し何百回も言われました。「ほかの大学は専門学校以下である」そうです。

小学校へ上がる前には、秘書の方に連れられて開成中の文化祭を見に行きました。

東大の学園祭にも行きました。

家では、紙に「志望校——麻布、開成、駒場東邦」などと書かされて、壁に貼っていました。四谷大塚の週例テストの結果を両親が全部チェックしていて、点数が悪かったら志望校は下がります。上がったら、また麻布に戻ります。貼り紙は「○月○日第一志望どこどこ　○月×日どこどこ　○月△日どこどこ」と変わるのです。競馬の予想みたいな、軽い感覚だったのかもしれません。そこまで細かく指導されたのは、きょうだいの中で私だけでした。


「絶対1番になれ」というのが、隆法の唯一の教えです。隆法は徳島県の川島町という田舎の生まれですが、成績は常に1番を取り続けてきたそうです。

「1番であれば、川島町の1番だったとしても、東京でも1番かもしれない。日本全体でも1番の可能性がある。1番である限り、その可能性は継続するのだから、宏洋、おまえも1番を取り続けなさい。2番以下はビリと一緒だ」

そういう教えを受けてきました。成績がトップであることが、徳島の田舎で暮らす隆法の心のよりどころだったのです。だから塾や模擬テストでは、

「とにかく100点を取りなさい。99点も0点も一緒。100点以外は意味がないんだ」

と、厳しく言われていました。たとえ95点でも「なんでここ間違えたんだ！」と怒られ、褒められることはまずありません。

私は算数の成績がすごく悪かったのですが、四谷大塚の週例テストで一度だけ100点を取ったことがあります。それを見た隆法は、「この野郎、この野郎」と、ものすごくはしゃいでいました。私は「この人って、こういうときにしか喜ばないんだな」と冷めた目で見ていました。

ところが答え合わせをしてみたら、本当は100点ではありませんでした。1問だけ間違えていたのに、採点ミスで100点になっていたのです。でも隆法は、「1番は1番だからいいんだ」と、メチャメチャ喜んでいました。

勉強で褒められたことは、そのとき以外にありません。

中学受験に失敗して、〝格下げ〟になる

中学受験は、第一志望の麻布に落ちました。自分では受験前から、ちょっと厳しいとわかっていました。入試の過去問を解いてみたら、苦手な算数がいつも30点ぐらいしか取れなかったからです。模試の合否判定も、微妙でした。

入試当日、秘書の方たちは数十人総出で、ずっとお祈りをしてくれたそうです。私は算数の問題があまりに難しくて、案の定お手上げでした。

合格発表は秘書の方が掲示を見に行って、「落ちてました」という報せがきました。両親は、ものすごく動揺しました。「そんなこと、あるわけがなかろう。あんなにお祈りしても、落ちるのか……」という感じです。「天上界の守護霊が、受かると言っている」という話をしていたので、不合格は本当に想定外だったようです。

しかしまだ、慶應中等部の試験が残っていました。隆法にとって大学は東大早慶までがラインですから、慶應に受かればその先は一応セーフとなります。「慶應から東大に行ける可能性もあるし」と、気を取り直したようです。

慶應中等部は、筆記試験に合格し、両親を含む四者面接に臨みました。そこで、母

のきょう子さんが大失態をやらかしました。面接官は、

「お子さんをどういうふうに育てられましたか？」

と、ありがちな質問をします。「私は何もしていません。勉強は、この子が自分で頑張りました」というのが、模範回答のはずです。子どもの自主性を尋ねているからです。

ところが、きょう子さんはいきり立って、

「私が、1から10まで全て教えました。私が、朝から晩まで勉強の面倒を見ました。この子は、私の最高傑作なんです」

みたいな話を、長々とのたまってしまわれたのです。ここは自分をアピールしたほうが印象がいい、と勘違いしたのでしょう。面接官の先生は、「あ……そうなんですか」とドン引きしていました。隆法はきょう子さんの横で、ただの空気になっていました。


「これは落ちたな」というのは、11歳の私にもその場でわかります。私は結果的に、学芸大附属竹早中学校に入学することになりました。

そのあと、大悟館の2階の子供部屋スペースにあった自分の部屋を剥奪され、男性

スタッフのスペースである1階の隅っこの一室に移されました。部屋には監視カメラがついていて、きょう子さんに24時間見張られる生活です。カメラの上にはスピーカーがついていて、突然「宏洋！　なにサボってるの！」と怒鳴り声が飛んできます。

さらに「2階より上には上がってくるな」と申し渡されました。わかりやすい格下げです。中学受験が終わったあと、家の中に居場所がなくなってしまった、というのが実際のところです。家族のスケジュール表からも、私の名前は消えました。

東大法学部へ行くことが後継者としての絶対条件だったので、そのルートから外れるのは後継者失格と認定されることなのです。

麻布の入試に落ちたことが両親の間で問題になり、どっちが悪いという話からケンカが始まりました。隆法は、母親がちゃんと管理しなかったのがいけないとなじります。きょう子さんは、

「宏洋はもともとバカなのに、『麻布から東大』なんて目標を設定したあなたが悪い」

と譲りません。私の前で「宏洋はもともとバカなのに」と毎日言い、わんわん泣いたり、隆法に向かって物を投げるのです。

毎日朝から晩まで、顔を合わせるたびに怒鳴り合いのケンカです。私は間に入って、

「まあまあ、もう終わったことだから、いいじゃないですか」

と止めていました。

自分としては頑張って勉強したつもりでしたけど、算数ができなかったことには挫折感がありました。家庭教師をつけてもらったり、塾に車で送り迎えしてもらったりと、同級生より手厚い教育を受けていたし、両親の期待もあったし、応えられなくて申し訳ないと子どもなりに感じました。

隆法に認められたいという気持ちは、昔もいまも一切ありません。後継者から外れたことで、劣等感を抱《いだ》いたこともありません。ただ、両親があからさまにケンカするようになったせいで、自分はすごく悪いことをしたんだという感覚に苛《さいな》まれました。

私の中学受験失敗を境に、両親の仲は目に見えて悪くなっていきます。仕事上の関係もうまくいかなくなり、結局きょう子さんは教団を追い出され、離婚します。不仲になるきっかけを作ってしまったことについては、いまでも申し訳なく思っています。

荒れていた中学校での生活

学芸大附属竹早中学校は、地下鉄丸ノ内線の後楽園駅にあります。放課後は、日比谷線の人形町にあった塾に通いました。車で送り迎えしてもらうのも大変なので、一人で電車通学することになりました。ある程度の自由が、そこで生まれました。

部活はバスケ部に入りたかったのですが、塾の日に活動がある部に入ってはいけないといわれたので、断念しました。代わりに、週1回しか練習しない、謎の陸上部に入りました。短・中距離の400メートルとか800メートルをやりましたが、もともと部活に熱心な学校ではなかったこともあり、おままごとのような活動でした。

中学校は荒れていて、いじめも盛んでした。私も対象にされた時期がありますが、どんどん順番が回っていくし、どちらかというとグレている側に入ったので、ずっといじめられることはありませんでした。

1年生のとき、バスケ部の3年生で超ガタイのいい先輩がいました。下級生のクラスの入り口で待っていては、財布からお金を抜きます。私には、

「君のお父さん、悪いことしてお金稼いでるんでしょ。俺らにちょっと分けてよ」

と言ってきました。絶対に勝てないので、黙って出すしかありません。お札を盗られないように、みんな財布には小銭だけ入れるようにしていました。

中学入学時から、家族とは一切関わらなくなりました。食事も別々になったので、隆法ともきょうだいとも会っていません。きょう子さんは、学校の成績だけ見ていました。

小遣いは月3000円でした。自由にできるお金は持たされていなかったし、欲しいものを買ってもらった記憶もありません。

一度だけ、隠れて携帯電話を買ったことがあります。クラスで携帯を持っていないのは、「ひとつの携帯をお母さんと共有してます」というオタクみたいな奴と、私の2人だけでした。そこで、申込書の保護者同意欄を友だちに書いてもらって、auショップで契約しました。

「ヨッシャ！」と思ったのですが、甘かった。次の日、「ご契約ありがとうございます」というハガキが家に届いたのです。たちまちauに連れて行かれ、頭を下げさせられて解約です。通知や支払いの請求が親に来ることなど、考えてもいませんでした。

携帯は結局、交渉に交渉を重ねて中3くらいにやっと買ってもらいました。

思い返してみると、中学生の頃の私は「芸人になりたい」と言っていたみたいです。名前が同じヒロシさんの「ヒロシです」というネタが、すごく流行っていた時期です。私もそのせいでメチャメチャいじられていたので、自分でもネタを考えて、毎日スベり倒していました。

高校のときは、やはり名前が同じ猫ひろしさんをネタにいじられていました。その頃から、羞恥心というのは全然ありませんでした。いま、YouTuberになって似たようなことをやっていますから、無意識のうちに将来設計をしていたのかもしれません。

高校中退で二度目の格下げ

高校受験は、早稲田大学高等学院という早大の付属高校に合格しました。しかし1年通って、辞めてしまいました。校風があまり合わなかったからです。

そもそも私は勉強が好きではないのに、まわりは大好きな同級生ばかり。部活が終わったあと「明日の予習しなきゃ」と言って、寄り道せずにまっすぐ帰るのです。全員が推薦で早大に入れますから、大学受験はありません。それでもみんな真面目に勉強するのが、驚きでした。

1年の間に、クラスで遊んだのは2回。1学期のテストが終わったあとボウリングに行ったのと、文化祭の打ち上げでカラオケに行っただけです。人間関係が希薄で、お互いのことに踏み入らない雰囲気でした。「これは合わない。大学まで7年間は無理だな」と感じたのです。

早大学院に合格したとき、隆法はいちおう喜んで、関係は少し穏やかになりました。ただし「大学は東大法学部に行って欲しい」と言われました。辞めると告げたときは絶望されて、

「君の考えていることは、何一つ理解できない」

と言われました。

そのあと再受験して、青山学院の高等部に入りました。両親からは、叱られたというより呆れられました。「高校中退よりマシか……」という程度です。早大学院から推薦で早大に入れれば、東大早慶という隆法の最低ラインはクリアできます。私はそれ

をわざわざ放棄して、隆法に言わせれば大学ではない青山学院へ進学する道を選んだわけです。麻布から東大という理想のルートから完全に外れてしまったので、許せなかったのでしょう。

青学の高等部に入った頃、自宅の大悟館を追い出されて、白金にある教団職員寮に引っ越しました。6畳一間です。

毎月5万円渡されて、「寮の家賃と水道光熱費以外、これでやりくりしなさい」と言われました。食費や交通費や服を買うお金など、全部込みです。寮は食事が出ないので、自炊です。作り置きしたカレーをずっと食べても、毎月20日を過ぎると結構厳しくて、友達から借りていました。

友達を部屋に呼ぶときは、寮の管理人が点呼を取っていました。「何とか君と何とか君が泊まりにくる」と、事前に報告しなさいということです。男性寮なので、管理人が顔と名前を確認して、女の子が来ていないかチェックします。バレたときは、管理人から「悪霊に取りつかれている」と3時間くらい叱責されました。

「パパと離婚したいと思ってる」

私は、人生を楽しみたいと思ったのです。早大学院が男子校なのも、良くなかった。青学は超楽しかった。彼女もすぐにできました。

勉強はせず、学校が終わったら毎日マックへ行ったり松屋へ行ったり。お金がないのでマックではポテト1個だけ買って、3時間も4時間もだべっていました。仲が良かった友達に誘われて、バンドも始めました。担当はベースで、X JAPANやL'Arc~en~CielやLUNA SEAのコピーをやっていました。

大学に上がってからは、のちに渡辺プロダクションの研修生になる友達がオリジナルの曲を書いてくるようになって、ライブハウスを回って毎月ライブに出ていました。

文化祭ではお化け屋敷をやったり、クラスで映画を作ったりしました。当時流行っていた『バトル・ロワイアル』のような内容の映画です。私をはじめ2、3人で企画を考えて撮影した作品で、学内の賞で銀賞をもらいました。映画作りにかかわったのは、あのときが最初でした。

父親のことは周りに知られていましたが、有名人の子弟は多かったので、特に私が目立つことはありませんでした。キリスト教の学校なので、宗教に対して厳しい目が向けられることもなかったように思います。

両親はまだ、東大受験を諦めていなかったでしょう。でも私は、青学に入って1、2週間で「もうこのままでいいや」と思って、勉強をやめました。

高校3年になって大学の志望学部を提出するとき、第1志望を法学部、第2を経営学部、第3を経済学部で出しました。担任の先生に「法学部のほうが経営や経済よりボーダーが高いから、上に書いておけ」と言われたからです。

その通りにしたら第一志望が通って、法学部へ進むことになりました。成績はだいぶ下のほうだったのですが、新しく総合文化政策学部という学部ができて、成績のいい女子たちがそちらへ流れました。なので例年より各学部のボーダーが下がって、たまたま法学部に行けたわけです。

高校1、2年のときは、両親ともきょうだいとも一切連絡を取っていませんでした。高校3年の夏か秋、突然きょう子さんが、私の住んでいる職員寮へやって来ました。

「実は、パパと離婚したいと思ってる」

と言うのです。それで久々に、大悟館へ呼び出されました。

第三章

大川家の人々と両親の離婚

両親の離婚

きょう子さんが「離婚を考えている」と切り出したとき、「ああ、そこまで行ったのか」という感慨でした。教団の職員寮に住んでいた私のところまで来たのは、「自分の側についてくれ」と言いたかったからでしょう。そのまま大悟館へ連れて行かれると、たちまち目の前で怒鳴り合いの夫婦ゲンカが始まりました。きょう子さんは「もう出て行ってやる！」と叫び、物を投げ、尋常ではない有り様でした。

ケンカは夫婦の問題を超えて、仕事面でも折り合いがつかなくなったようでした。きょう子さんはずっと教団ナンバー2だったのですが、組織が大きくなりすぎて、そのポジションを務めることが能力的に難しくなったのです。百億円単位の損失を出したり、運営面でいろいろと失敗したようでした。

幹部からの嘆願もあったので、隆法が、実権のない名誉職に退いてくれるよう提案したそうです。ところがきょう子さんは、

「私のおかげで教団が大きくなったのに！　そんなことを言うなら離婚だ！」

とブチ切れて、大暴れしたということでした。離婚話が持ち上がったのは、2007年ぐらいです。そのことが『週刊文春』で初めて記事になったのは、2010年の12月でした。

きょう子さんは大悟館を出て、広尾にマンションを借りました。私はその部屋へ行って、きょう子さんの話を聞いたり、「まあまあ、落ち着きなよ」となだめたりしました。

双方の言い分を伝える役割も果たしました。きょう子さんの話を「こんなこと言ってたよ」と隆法に伝え、その返事を「向こうはこう言ってるよ」ときょう子さんに伝える伝令役のような役目です。痴話ゲンカですから、お互いの言い分はしょうもなさすぎて、よく覚えていません。

職員の方では、あの役目は務まらなかったでしょう。私は長男だったので、自然と

仲介役になったのだと思います。離婚騒動をきっかけに、隆法としゃべる機会が少しずつ増えていきました。

本当は別れたくなかった隆法

隆法は、実は離婚したくなかったんです。

きょう子さんをやっぱり愛していたので、何度も「別れたくない」と言って、「離婚するの止めようかな」とうじうじしていました。それは本心だったと思います。気持ち的には好きだから一緒にいたいけれども、仕事の上で立ち行かなくなってきた。その板ばさみに、ずっと苦しんでいました。

きょう子さんは、広尾のマンションから、隆法が個人で所有していた「エル・カンターレ信仰記念館」という教団施設に移りました。大悟館から3分くらいの距離です。隆法は、夜中など警備の目が届かないとき、こっそり大悟館を抜け出して会いに行っていました。運悪く見つかってしまうと、宗務本部の職員さんから、

「総裁先生、ダメだと言ってるじゃないですか！」

と厳しく叱られます。しかし子どもたちには、

「いや～、ママにキスされちゃったよぉ」

とのろけていました。

隆法は、自分個人の持ち物だった「エル・カンターレ信仰記念館」を、教団に寄進しました。還俗《げんぞく》させられて教団の職員でなくなったきょう子さんは、「その家は教団施設になったのだから、住まわせるわけにいかない。出て行ってくれ」という嫌がらせを受けたわけです。隆法は最後の最後まで、離婚するか、きょう子さんと死ぬまで一緒に暮らすか、毎日毎日悩み続けていました。毎日朝から晩まで頭を抱えて数十回も霊言をやり続け、毎日のように「離婚する」「離婚しない」と方針をコロコロ改定し、人事異動もひっきりなしに行なっていました。

きょう子さんは警察へ相談に行ったり、自宅保全の仮処分を申請したりしたので、長く揉め続けました。結局は諦めて、自分でマンションを借りて出て行くことになりました。

隆法は信者さんに向けて、きょう子さんの守護霊だと言っていた「文殊菩薩との対

話」という霊言や、「悪妻封印祈願」というお祈りをやっていました。このお祈りは、

「幸福の科学の発展を阻害し、夫婦問題、家庭問題にすり替えて伝道を妨げる悪妻よ。汝、この世に生まれてくる必要なし。恥を知り、反省せよ。夫のユートピア活動を妨げる悪妻よ。

汝は生ける悪霊なり。直ちに懺悔《ざんげ》し、改心せよ」

という身もフタもない言葉を、信者が唱和するのです。ですが、きょう子さんに限らず、他の幹部を追い払う際にも同じようなお祈りをやっていたので、私にとって別に驚きはありませんでした。

私は隆法の心中を察するところがあったので、二人の間を取り持とうとしました。しかし幹部職員たちの意見も聞かなくてはならず、最後は隆法に「離婚したほうがいい」と進言しました。隆法本人としても、大人としての判断をせざるを得なかったという結末です。

離婚すると決断してから、財産分与など実務的な裁判が始まって、すべてハンコを押すまでに4、5年かかったのではないでしょうか。しかし隆法は、最後の最後まで悩んでいました。離婚したあとでも「きょう子さんの生霊が来る」と言い出すことが

しばしばあって、未練と後悔がたっぷり残っているように見えました。

母親についたら飢え死にする

子どもたちは、私が高校3年生で、一番下の愛理沙はまだ小学生でした。5人全員で大悟館に集まって、きょうだい会議をしました。

「パパについていくか、ママについていくか、どっちにする?」

というわけです。きょう子さんはずっと、「こっちにおいで」と言っていました。

しかし、きょうだいの意見は「母親についていったら、飢え死にする」でまとまりました。きょう子さんは仕事がなくなってしまうので収入が不安だし、家事もずっとやっていなかったからです。稼いでいる父親につかないと、生活ができない。私の場合なら、大学の学費を払ってもらえない可能性もある。話し合いは全会一致で、「父親につくほかない」という結論になったのです。

きょうだいみんな、両親のどちらに対しても感情的な思い入れはありません。だから正直、どちらでもよかったのです。きょう子さんはヒステリーがひどく、怒鳴り散らして物を投げまくったりしていたので、ちょっとしんどいなという思いもありました。しかし決め手は、父親の経済力です。

特に長女の咲也加は非常に現実主義者なので、親に対する感情は一切ないと思います。真輝は心根が優しいので、けっこう悩んでいました。両親がケンカしているのを見てショックを受け、引きこもりになってしまったほどです。その後オンラインゲームにはまって、成績がガクッと下がりました。

教団の中も、大揉めに揉めました。あの離婚騒動で信仰をなくし、離れていった信者さんもたくさんいたみたいです。

父のこと、父の女性関係のこと

父・隆法の唯一良いところは、ブチ切れないことです。怒ったときは、怒鳴りつけるよりもネチネチ言うタイプ。1時間も2時間も、重箱の隅をつつくような説教をするのが好きです。しかし、暴力は一切振るいません。

声を荒らげたところを見たのは、1回だけです。弟の真輝がまだ2歳で、4歳だった咲也加の髪の毛をぶちぶち抜いて遊んでいて、咲也加が「止めて止めて」と泣いたとき、「真輝、止めなさい！」と大きな声を出して怒りました。私は6歳でしたけど、あの激怒の様子はよく覚えています。

きょう子さんは離婚を言い出すに当たって、隆法の女性関係を問題にしていました。具体的な相手として、隆法の秘書を務めた女性職員の名前を何人も挙げていました。

実際に不貞行為を行なっている現場を目にしたことは、残念ながらありません。大悟館の3階と4階は、父と母のスペースです。男性スタッフは3階以上には上がれず、上がれるのは女性の秘書だけです。

大悟館の2階に住んでいたときも、私は3階と4階には入れませんでした。だからそこで何が行なわれているか、まったくわかりません。しかも、きょう子さんが隆法の女性関係を問題にしていた時期、私は職員寮に住んでいたので大悟館に出入りしていなかったし、家族ともほとんど関わっていませんでした。

きょう子さんは、隆法が女性秘書に特別な法名を与えたことを、浮気の証拠のひとつだと言っていました。法名をもらうのは栄誉なことですが、男性の幹部でももらうケースはあるので、それだけで特別な寵愛《ちょうあい》の象徴とはいえないと思います。ですから実際のところは、わかりません。

母のこと

子どもの頃、食事の際の失言が原因で、秘書から体罰を受けていたことには触れました。実は母親のきょう子さんにも、よくぶたれていました。学校の成績が悪かったり、家で勉強していて算数の問題が解けなかったりすると、手を上げたり、鉛筆で手を刺したりするのです。

いまも私の手の平には、鉛筆の芯が埋まったまま残っています。これは確か、小5くらいのとき。問題が解けなかったせいで、グサッとやられました。瞬間湯沸かし器みたいな性格なので、ポーンとブチ切れる。そこは隆法と違います。

きょう子さんは5人の子どものうち、下の子になるほど猫可愛がりするクセがありました。常に末っ子が可愛いのです。弟や妹が生まれると「お兄ちゃんなんだから、お姉ちゃんなんだから」と急に態度が変わるので、母の愛情を奪われたように感じてしまいます。

咲也加の髪を抜いて遊んでいた真輝のことを隆法が怒ったのは、咲也加がずっと泣いていたのに、きょう子さんが、

「真輝はまだ小さいから、わからないのよねぇ」

とかばって、止めさせようとしなかったからでした。なので妹や弟同士は、よくケンカしていました。

港区立白金小学校に通っていた裕太がいじめに遭ったとき、きょう子さんはPTA会長を務めていました。「PTA会長の子どもをいじめるとは何事だ！」と怒りは増幅され、学校や教育委員会に激しい抗議活動を行ないました。結局、裕太は転校しました。そのとき、いつも冷静な真輝がボソッとひと言、

「あのさ、これって最初から裕太が転校していれば済んだ話じゃないの」

とつぶやいたのを覚えています。

小6までの私は、両親から「お兄ちゃんが後継ぎだよ」と言われ、きょうだいたちも私を支えるように言われていました。最初に生まれた子どもで、男だったから、両

親や周りの職員がそう決めていただけです。

麻布中学の受験に失敗したあと、私は大悟館の2階から1階へ部屋を移され、2階に住む妹弟との接触はなくなってしまいました。食事も別なので、顔を合わせる機会が一切ありません。夏休みの軽井沢の別荘にも呼ばれなくなりました。そこから数年は、妹や弟とほとんど会わない状態が続きます。

隆法もきょう子さんも、「こいつは後継者じゃない」と私を見放したのです。長男が外れたら妹や弟に可能性が出てくるわけで、その時点から彼らは野心をむくむく膨らませ、勢力を拡大し始めます。

長女・咲也加

大川家の長女・咲也加は、5人きょうだいの上から2番目です。過去世は天照大神だったり、奈良時代の聖武天皇のお妃で仏教を庇護したことで知られる光明皇后だったりと、高い格の過去世を持っています。

性格をひと言で言うと、政治家です。ボーッとしているように見えますが、とても執念深く、敵に回したくない相手です。かなり頑張って、私立の名門・豊島岡女子から お茶の水女子大を出ました。しかし隆法の関心は男のきょうだいにばかり向くので、自分にいつ注目してくれるのか、溜め込んだ鬱憤は大きかったと思います。

生まれたときのエピソードが、とてもかわいそうです。予定日を過ぎて、かなり大きくなってから生まれてきたので、顔がブクブクだったらしいのです。秘書の方が「総裁先生にそっくりですよ」と言って抱かせようとしたら、隆法は「うわぁ、やめてくれよ。こんなのと一緒にしないでくれ」とすごく嫌がったといいます。これはきょう子さんから聞いた話なのですが、教団の中では有名です。

歌やダンスが大好きな子どもでした。小学校低学年のとき、夕食の席で突然、「パパ、ママ。私、モーニング娘。のオーディション受けたいんだけど」と言い出したのを覚えています。食卓の空気は、一瞬で凍りました。モー娘。が全盛期で学校でも流行っていたので、自分もやりたくなってしまったのでしょう。両親は「お願いだから止めてくれ」と、全力で止めに入っていました。担当の秘書は、その後クビを切られたと思います。

結局モー娘。のオーディションを受ける願いは叶わなかったのですが、中学からダンス部に入って腕を磨いたようです。高校では部長にもなって、かなり上手かったという話を聞いています。

大人になってから、幸福の科学製作の映画の主題歌でCDデビューしたようです。モー娘。に入れなかった無念を晴らすことができて、よかったのではないかなと思います。

半端でなく頑固な性格の持ち主でもあります。高校時代、そのダンス部で大事件がありました。ある発表会用に、露出の多い衣装が上がってきたらしいのです。すると部長だった咲也加が、「パパが見に来るのに、こんな露出度の高い衣装なんて私は着ないわよ。いまから衣装を変えなさい」と怒り出したそうです。部長がそんな態度では、周りの部員は「何、この子」と揉めて、まとまらなくなってしまいます。

しかし咲也加は最後まで意見を変えず、「私はこんな服は着ない」と突っぱねて、なんと部長なのに、そのまま部活を辞めてしまったのです。そのあとは、料理研究部に入ったはずです。それくらい、自分の意見は絶対に曲げないタイプです。

教団では、学生部という若手信者さんの組織のトップとして君臨しました。信者さんから「あ〜、咲也加さま。お美しい。素晴らしい」などと称えられると、気持ちがいいようです。称賛されたり神様として扱われることに、快感を覚えるタイプです。すぐにカッとなって怒鳴り散らす性格でもあって、きょうだいともよく口ゲンカをしていました。特に、裕太とのバトルが激しかった。裕太も我が強く、自分を曲げないからです。一度、本当に大戦争になったことがあって、二人の仲に深い溝を作りました。

はげしい姉弟喧嘩

それは、咲也加が大学2年生ぐらいのときです。学生部に所属する2歳上の彼氏が、新卒の職員として教団に入ってくることになりました。咲也加は彼を、中枢である宗務本部に入れようとしました。

「私の彼氏で、ゆくゆくは結婚したいから」

と主張したのです。私は、お互いに好きだったらいいんじゃないかと言っていたのですが、裕太は、

「お姉ちゃん、ちょっと待ちなよ」

と、宗務本部に入れることに反対しました。止めた第一の理由は、お茶の水女子大の学生だった咲也加に対して、彼が地方の私大卒だったことです。

「悪いけど、ぶっちゃけ釣り合ってないよ。お姉ちゃんのほうが、大学のランクとしてはだいぶ上だよね。大川家は学歴至上主義だから、もし結婚したらかなり苦しいことになるよ。冷静に考えたら難しいと思う」

と言ったのです。

宗務本部に入るためには、特別な面接があります。その彼は正式に受験したものの、落ちていました。なのに咲也加は「私の彼氏なのに」と宗務本部長を罵り、無理やり押し込もうとしていました。裕太はそのことに対しても、

「お姉ちゃん、ちょっとそれはどうなの」

と噛みつきました。

「いくら付き合ってるからといっても、宗務本部に入るにはしっかり面接をした上で判断してるんだから、それは聞かなきゃ駄目だよ」

と戒めたのです。すると咲也加は、竜神のごとく怒り狂って、

「お前に何がわかるんだよ！」

と、裕太をボロカスに罵倒しました。三日三晩くらい怒鳴り散らして、あまりに激しく罵られたものだから、裕太は、

「生まれてこなきゃよかった。僕はクソみたいな存在なんだ」

というところまで、落ち込んでしまいました。

裕太の言うことは普段メチャクチャなので、私はあまり肩を持つことがありません。しかしあのときは、裕太の言い分が正しいと思ったので、間に入りました。

「咲也ちゃん、ちょっと待って。今回に関しては、裕太の言ってることが筋が通ってると思うよ。別に付き合うのは構わないし、結婚するのも構わない。学歴は、僕は正直どうでもいいと思う。お互いに好きだったら何とでもなると思うけど、宗務本部に無理やり押し込もうっていうのは、ちょっと違うんじゃない？　面接を受けて駄目だったわけだから、しょうがないじゃん」

と忠告しました。宗務本部ではない部署からでも、幹部になっていく人はいる。その彼が、配属された部署で力を発揮すれば、評価される場合もある。――という話をしたら、途端にこちらへ火の粉が飛んで来ました。咲也加は、私が当時付き合ってい

た彼女の悪口をウワーッと言い始めたのです。

隆法もあとでいきさつを聞いて、

「咲也ちゃん、さすがにそれは……」

と止めに入りました。その彼の過去世を調べたら、変な悪魔のようなものが出てきたようです。そのために彼は、北海道のどこか端っこの支部へ飛ばされ、結局は咲也加と別れさせられてしまいました。

そんな咲也加も、教団職員の直樹さんという方と結婚して、いまでは息子が生まれています。しばらく会っていないのですが、年々どんどん母親に似てきています。顔面的には父親の遺伝子を濃く受け継いだ感じなのですが、歩き方が母親そっくりです。

次男・真輝

次男の真輝は、1993年生まれです。有名私立の開成中学・高校から、早稲田大学の文化構想学部を卒業しています。隆法に言わせれば、誰もが東大を目指す開成では、早稲田へ行くのは落ちこぼれかもしれません。

中学校までは頭がよくて、算数のオリンピックだかグランプリだかで賞を取ったりしていました。成績もよくてスマートにやっていたのですが、開成という学校はあまり合わなかったようです。

私は、自分に合わないと思ったらパッと辞めてしまうほうですが、彼は黙ってじっと耐えるタイプなので、高校卒業まで6年間ガマンしたみたいです。学校では空気のように過ごしていたらしく、勉強はせず部活もやらず、中2から引きこもりみたいになって、家でネットゲームばかりやっていました。

実社会で友達は一人もいないのに、ネトゲ界では超有名人でした。彼がやり込んでいたゲームにログインすると、ゲーム内が沸くらしいのです。「あ〜、待ってました」「遅いですよ」というコメントがもらえるので、「友情っていうものを、すごく実感した瞬間だったね」と真輝は言っていました。ゲームの世界では神として君臨していたわけですが、「お前の青春、大丈夫かよ」と私は思ったものです。

ネトゲばかりやりまくっていたら落ちこぼれてしまい、高校3年生の成績は下位の1割だったらしいです。隆法は模試の結果を見て初めて、その惨状に気づきました。きょう子さんが家を出て以来、子どもたちの成績を報告する人がいなくなったからです。

「なんだ、この成績は！　開成まで行って、この体たらくか！　学費を全部どぶに捨てたのと同じだぞ！」

と、メチャクチャ怒っていました。中学受験に失敗して同じ目に遭っていた私は、「毎日毎日、説教食らって、かわいそうだな」と見ていました。止めに入ろうかなと考えたこともありますが、説得力がないことに気づきました。

「お前、きょうだいの中で一番バカじゃないか。何を言ってるんだ」

と一蹴されて終わると思ったので、黙って見ているしかありませんでした。

結局、早稲田に２００７年に新設された文化構想学部にギリギリで引っかかったわけです。隆法は、かなりガッカリしたようでした。

真輝は小さい頃から、父親の期待が薄い息子でした。おそらく、私の次くらいに薄かったでしょう。理由のひとつは、父親にも母親にも似ていないからです。外見はそれほど似ていないし、性格も自己顕示欲が強いタイプではありません。

私にとっては、きょうだいの中でただ一人、会話が成立する相手です。咲也加、裕太、愛理沙とは、そもそも会話が成り立ちません。隆法も同じタイプなのですが、他人の話を聞かない人たちだからです。一方通行でワーッとしゃべって、こちらが発言しても聞かず、自分の話ばかり続けるので、コミュニケーションが取れません。その点、真輝とだけは、言葉のキャッチボールができます。

咲也加、裕太、愛理沙、それに隆法は、自分のことを本気で神様だと思っています。だから常に上から目線で、「その辺の愚民とは違うから」というスタンスでいます。しかし真輝は、市民感覚や普通の心をしっかりもっている人です。

義理人情にも厚いのです。大悟館で飼っていたウサギが、あるとき死んでしまいました。真輝はあまり関わっていなかったにもかかわらず、冷たくなったウサギを見て、大泣きしていました。

ウサギの面倒を一番見ていたのは、裕太でした。毎日エサをあげたり、遊ばせていたのです。その裕太が、

「どうする？　次のウサギ、どこに買いに行く？」

と、あっけらかんとしていたのとは、実に対照的でした。

私がニュースター・プロダクションという教団の芸能プロの社長をやっていたとき、

真輝が専務で事務局長だった時期がありました。一緒に仕事をする機会が多くあったのですが、ビジネスでも彼は優秀でした。私の側から「ここは、ちょっと変えたほうがいいんじゃない？」といった問題提起をよくしていたのですが、真輝はできるかできないかをはっきり判断し、しかも言い訳をしません。できるときは「これは私の責任でやります」と、しっかり自分で引き受けていました。

幸福の科学の職員は、基本的に自分で責任を取りません。それは、隆法から受け継いだ体質です。何事も他人任せで、うまくいかないことは全部、弟子の修行不足のせいにします。そんな中で真輝は、男らしく自分で責任を取って仕事をする珍しいタイプです。

なので信者さんや職員さんの中には、教団の後継者として持ち上げよう、神輿《みこし》に担ぎ上げようと考える方がいるかもしれません。しかし私は、反対です。

きちんと問題意識をもっている人間なので、教団の運営方法について「これはまずいよな」とよく言っていました。しかし私と一緒で、後継者になる気などさらさらなく、トラブルに巻き込まれなければいいという平和主義者です。

真輝は仕事のストレスで尿管結石になったし、気を遣ってあげてほしいです。普通の会社に就職しても仕事ができるタイプですから、教団から出たほうがいいのでは、と思います。

三男・裕太

三男の裕太は、私より6つ年下です。麻布中学・高校から東大法学部に現役合格した、非常に優秀な学歴の持ち主です。

裕太のロイヤリティーとしては、霊言ができます。小学校高学年でいじめに遭って、引きこもった時期からやり始めました。スピリチュアル・エキスパートとしての能力は、ずば抜けていたと思います。

説法も上手なので、信者さんからの人気も高いのです。キャラクターが独特で、マスコットキャラみたいな可愛らしさをもっています。知識も行動力もユーモアもあって、人を引き付ける魅力の持ち主です。教祖的な性格としては、非常に優れた素質をもっています。

一方で、生来のトラブルメーカーです。常に空気を読まず、ひと言多いせいでしょう。しかし隆法は、基本的に裕太を怒りません。明らかに裕太のほうが悪いときにも、かばっていました。望んだ通りの学歴を実現したし、外見も性格も一番似ているので、とても可愛い息子だったのでしょう。

裕太は超ド級の鉄道オタクで、麻布中学でも鉄道研究部に入っていました。日本全国全路線制覇という目標を立てていて、私も何回か旅行に付き合わされました。特急に乗って行って、目的の駅で降りると、別の列車に乗り換えます。鉄道に乗ること自体が目的なので、途中下車も観光もしません。反対方向の列車とすれ違うたび、

「あ、これ、キハ８５８４だ。３分後に、ひとつ古い型番のキハ８２８３が来るから」

みたいなことを、ぶつぶつ呟いています。時刻表も暗記していたし、ある意味では天才なのかもしれません。

体重が80キロほどあってパンパンだったのが、20〜30キロぐらい一気に痩せた時期があります。高校生か大学生のとき、アメリカへ短期留学に行って、可愛い女の子と知り合ったせいです。その子にアプローチしたら冷たくあしらわれたのですが、なん

としても付き合いたいと思ったので、毎朝ランニングをしたり運動をして、痩せたらしいのです。愛の力は偉大です。

見事に痩せてから再度アタックしたけれども、結果は玉砕に終わったそうです。しかし、努力してスリムな身体を手に入れたことは、彼にとってプラスになったはずです。

裕太はきょうだいとケンカすることが多かったのですが、私は揉めた記憶があまりありません。唯一ぶつかったのは、彼の婚約と結婚のときです。裕太は、ニュースター・プロダクション所属で、『天使に〝アイム・ファイン〟』という教団の映画に主演した雲母《きらら》という女性タレントと結婚しました。裕太が大学生、雲母が高校生のとき、早くも婚約していました。

それは2015年で、私は教団を離れてサラリーマンをしていた時期でした。秘書の方を通じて隆法から電話がかかってきたので、どうしたのかと思ったら、

「裕太が婚約したいと言ってるんだけど、どうすればいいかな」

という相談です。隆法と話をするのも数年ぶりで、事情がわからなかったので、

「お互いに好きなら、いいんじゃない」

と返事をしました。その後、私はニュースター・プロダクションの社長になって、彼女と一緒に仕事をする機会がありました。きちんと挨拶をしないなど、あまりいい印象をもてない女性でした。そこで裕太に、

「結婚は、やめといたほうがいいんじゃない？」

と忠告したことがあります。しかし裕太はモテないので、言い寄られていい気になっていたのでしょう。私の言うことは聞き入れませんでした。そのあたりから、裕太とは距離を取るようになりました。

二人は結局うまくいかず、離婚しました。しかも金銭的に、教団に甚大な被害を与えました。雲母の母、兄2人と弟、雲母本人は、揃って教団の職員で、給料を払っています。このことで裕太は教団内部からひんしゅくを買い、激しいバッシングを受けるようになりました。裕太もこのままでは教団に居場所がないので、YouTuberにでもなればいいのに、と私は思っています。

次女・愛理沙

巷に出回っている情報が最も少ないのが、末っ子で次女の愛理沙です。私より9歳年下です。幸福の科学学園中・高を卒業して、ハッピー・サイエンス・ユニバーシティ（HSU）に通っています。映画が好きらしく、芸能・クリエーター部門専攻コースを専攻して、自主制作映画を撮ったりしていました。私も彼女の作品を観たのですが、感想は「ちょっと、向いてないんじゃないのかな」というものでした。作品としてのスタート地点に達していないのです。

たとえば、基本的な映像のつながりさえ出来ていない。登場人物がバッグを右手で持っていたのに、次のカットに切り替わると左手で持っていたり、鏡にカメラマンが映り込んでいたり。学生の自主制作であっても、人に観せられるレベルではありませんでした。

HSUの学園祭では、演劇も上演していました。芸能・クリエーター部門専攻コースの教授を舞台に上げてこきおろす内容です。台本もつまらなかったし、総裁の娘の権力に驕っているのが見え見えで、観ていて気持ちのいいものではありませんでした。さすがの隆法も、「愛理沙、あれは失礼だぞ」と怒っていたほどです。

HSUでは1年生のときに寮生活をするのですが、愛理沙はお酒を買い込んで来て、部屋にみんなを呼んで酒盛りをしていたそうです。未成年ですが、総裁の娘の部屋なので教授陣も踏み込めなかったのでしょう。「愛理沙さんだから言えない。怒れなくて困っている」という話をよく聞きました。周りの人たちは、気を遣って大変です。学園祭の劇も、教授よりも自分のほうが立場が上だと示すために、ああいう内容にしたのかもしれません。

酒癖の悪さも有名です。私は数回しか見たことがないのですが、宗務本部の秘書の方から、「愛理沙さん、ホントに酒癖が悪すぎてヤバい」という愚痴をちょくちょく聞いていました。飲み始めたらなかなか終わらないし、帰らないし、しまいには潰れて吐くし、というのです。

末っ子として生まれたために、あまり注目してもらえなかったり、勉強の成績も5人の中で私と同じくらい悪かったので、コンプレックスを抱えていたのかもしれません。

愛理沙の長所は、人を使うのが上手なことです。王様気質ですから、大人数を使う能力に長けています。年上の大人に言うことを聞かせるのも上手です。なので、幸福の科学学園の理事長などをやったらいいのではないか、と思います。

ＨＳＵを卒業後は、教団が経営しているアリ・プロダクションという芸能プロダクションのアドバイザーだか顧問に就きました。私が社長をしていたニュースター・プロダクションとは別の、清水富美加（法名・千眼美子）さんが所属しているほうの、新しい事務所です。アリという社名は、愛理沙の名前から採ったものなのです。

なぜ映画製作に踏み込んできたかというと、私を潰せると考えたからでしょう。教団の後継者候補として有力だった裕太は、国際系や政治系の活動をやっていました。そこに入って行っても勝てないけれども、宏洋が相手なら勝てるかもしれないと考えて、私が手掛けていた映画でぶつかってきたのだと思います。

しかし、自分の能力を冷静に分析して、苦手分野ではなく、得意分野で勝負すべきです。クリエイティブの才能については、隆法と同じレベルです。

隆法が、私の知っている男性職員を気に入って、愛理沙と結婚させようとしたことがありました。私はその職員さんと仕事で絡みがあったので、これはまずいと思い、

「隆法が、愛理と結婚させようとしてるよ」

と忠告しました。彼は、「エッ、マジっすか」と青ざめていました。付き合ってい

る女性もいたので、

「愛理と結婚したら人生終わっちゃうから、一刻も早く結婚したほうがいいと思う」と、重ねてアドバイスしました。独身でいると、隆法から「霊人が『愛理沙と結婚しなさい』と言っている」と宣告されて、くっつけられてしまう可能性があります。しかし先に結婚していれば、さすがに離婚させられることまではないからです。早めに手を打ったおかげで、彼は人生を終了させずにすみました。

過去世はジャンヌ・ダルク、ヤマトタケルノミコト、天武天皇、漢の劉邦に仕えた名将・韓信といった、豪傑系でした。しかしどんな理由からか、九尾の狐に変更されたようです。人を惑わす女の妖怪です。

また、ニュースター・プロダクションに所属しているタレントの梅崎快人君と結婚したという内部情報もあります。なぜ公表しないのかは不明です。

セカンドマザー・紫央さん

隆法の後妻で総裁補佐になった紫央さんは、隆法の秘書だったので、前から知っていました。年齢は、私の3つ上です。早稲田大学法学部を卒業して日銀に1年間勤務してから、幸福の科学に職員として入ってきました。非常に優秀な方です。過去世には三国志の劉備、坂本龍馬、北条政子と、歴史上でも非常に人気の高い偉人たちがいます。

いろいろ憶測が飛び交っていて、きょう子さんと結婚していた時期と交際がかぶっているのではないかと言う人もいますが、それは違うと思います。離婚も再婚も2012年のことでしたが、私が見ていた感じでは、きちんと離婚が成立した後に交際を始め、再婚する手順を踏んでいます。

そもそも3人くらい後妻の候補がいて、誰にすればいいか、隆法は迷っていました。私の目には、他の2人は欲にまみれすぎていました。財産がどうなるかとか、教団の中で自分の扱いがどうなるかといったことばかり、気にする言動を取っていたからです。

「誰がいいと思う?」と隆法から訊かれたので、「紫央さんがいいんじゃないか」と答えました。「わかった」という返事でした。そのやり取りが決め手になったかどうか知りませんが、翌日くらいに隆法は、紫央さんと結婚すると宣言しました。

離婚で傷ついていたので、早く再婚したほうがいいと私は思っていました。紫央さんは、隆法と普通に仲が良く、出身が同じ徳島なので地元トークで盛り上がったりしていました。子どもたちともよく話をしてくれる気さくな人だったので、きょうだいもみんな賛成したのです。

しかし立場が変われば、人は変わります。教団ナンバー2のポジションに就くと、発言や行動が徐々に変化してきました。私や裕太は、隆法の教団運営について物申すことが多かったのですが、紫央さんから、

「黙りなさい」

と一喝されるようになりました。口癖のように言われたのは、

「あんたらには半分、悪魔の血が流れてるんだよ」

という言葉です。悪魔とは、きょう子さんのことです。私はそれを聞いて、「この人は、2代目教祖をやりたくなったんだな」と感じました。「あるいは子どもができたら、純血の後継者として立てるつもりだな」と強く思いました。

ところが、うまくいかないものです。紫央さんと隆法は結婚して7年たちましたが、

子どもができません。60代半ばの隆法がもう枯れてしまったのか、あるいは運命のいたずらか。

私の主観でいえば、紫央さん自身が2代目教祖になるのは厳しいと思います。理由は、どこまで行っても〝職員さん〟だからです。大川家の子どもたちは、生まれたときから神様のような扱いを受け、上に立って教義を教えるべく教育を受けてきています。紫央さんが人前で説法しているのを聞くと、話す内容を自分で考えられなかったり、職員として教えられた内容の中からしかしゃべれないことがわかるのです。

しかし紫央さんに子どもができたら、教団は揺れるでしょう。残った4人の子どもたちを排除して、自分の子どもを正統な後継者に立てようとすれば、グチャグチャのお家騒動と地獄絵図が繰り広げられると思います。

後継者問題の行方

大川隆法は、2020年で64歳になります。教団の後継者問題は、ますます現実的になってきました。後継者になるための能力には、いろいろあると思います。たとえば真輝は、お坊さんとしての説法がとても上手です。裕太はいろいろなプロジェクトを考えついて、自分で立ち上げる実行力があります。

私が中学受験に失敗してドロップアウトしたあと、隆法はずっと裕太をかわいがっていました。麻布中学に合格して寵愛はさらに深まり、東大法学部に現役で合格してからは、まさに裕太ラブでした。教団の中でも、高い地位を得ていました。

過去世も、天之御中主神《アメノミナカヌシノカミ》といって日本の神話で一番最初に登場する神様とか、桓武天皇、明治天皇、マリア・テレジアなど、歴史上の偉大な人物が、「今世は大川裕太として、地上に降りたもうている」とされていました。

ところが、実はそうではなかったという設定変更があったようです。裕太の過去世は、人をだます動物霊、富士山の烏天狗などへ格下げになりました。

過去世は隆法が認定するのですが、結構コロコロ変わります。しかし裕太の尋常でない格下げは、私が予想していた教団の行く末がガラッと変わったことを意味するので、とても驚きました。

裕太は離婚問題を起こしたので隆法は大阪へ左遷したのですが、いずれ復帰させるだろうと思っていたのです。しかし役職の左遷と違い、過去世を変えてしまうのは宗教的に重要な意味をもちます。教団では、かなり重い処分です。しかも裕太の場合、神様と呼ばれていた人たちから、一気に妖怪や化け物の類へ格下げされてしまったわけです。

そして次女の愛理沙も、とうとう過去世変更の波に飲み込まれてしまったようです。韓信・日本武尊・天武天皇などと言われていた過去世も、「九尾の狐」に変えられてしまったそうです。

この決定を覆すには、過去世を再び変えなければいけません。「本当はやっぱり神様でした」と返り咲ける可能性はあるものの、実際には厳しいでしょう。なので、後継者候補にはまず復帰できないと思われます。

この裏でどういう力が働いたか想像すると、後継者の最有力とされている長女の咲也加が、昔から犬猿の仲で、なおかつ総裁が一番かわいがっていた裕太を早めに潰すために動いたのではないかと思われます。プライベートで問題を起こしたタイミングを利用して消しておこう、という政治的な判断を働かせたのでしょう。

次いで、真輝も粛清に遭ったらしいという話を聞きました。裕太と同じように神の称号を剝奪され、妖怪か何かの生まれ変わりになったそうです。後継者として有力だった裕太についてはわかるのですが、真輝まで潰すとは思いませんでした。咲也加と真輝の仲は悪くなかったし、真輝も咲也加の下で働くのに異論はないという態度だったので、二人はうまくやると思っていたのです。

しかし反逆の芽は完全に摘んで、自分の権威を確立したいと、咲也加は考えたのでしょう。存在するだけで、幹部信者によって担ぎ上げられる可能性もあるからです。組織の統括者を目指す上では、さすがだなと感服します。

咲也加はかなり早い時期から、2代目教祖になりたかったのだと思います。名誉欲、権力欲、自己顕示欲の3つが、とても強い性格です。どれも持ち合わせていない私とは、同じ親から生まれたのかと思うくらい、価値観が違います。

私が後継者候補から外れたあとも、映画を作って注目を浴びていたことを、快く思っていませんでした。いまは教団から完全に離れたので、利害関係は何もありません。男のきょうだい3人が目の上のたんこぶではなくなったいま、咲也加はとても気持ちの良い状態なはずです。

弟2人は、粛清されて干されたあとも、教団から離れることはなさそうです。私は高校生くらいから教団と距離を置いて生活して、アルバイトやサラリーマンを経験しましたが、彼らは社会に出たことがありません。働いてお金を稼いだ経験がないし、運転免許さえ持っていません。なので、いまさら自分を変える勇気は出ないのでしょう。

咲也加の著書に『娘から見た大川隆法』という本があります。2019年8月に出たこの本の巻末に、真輝と裕太が寄稿しています。真輝は「多くを与えられてきたことへの感謝」というタイトルで、肩書きは指導研修局担当部長。裕太は「大川隆法総裁先生の愛に育まれて」というタイトルで、肩書きは政務本部東京強化部長兼宗務本部総裁室政務担当部長となっています。

文章はどちらも、隆法を礼賛し、咲也加の篤い信仰を称え、返す刀で私を罵る内容です。どうやら二人とも咲也加の軍門に降《くだ》り、取り込まれてしまった印象を受けます。対価として、それなりの肩書きをもらったのでしょう。

この本における咲也加の肩書きは、二人よりずっと格上の副理事長兼総裁室長です。

咲也加の旦那の直樹さんもよく知っていますが、温厚で優しい方です。夫婦関係も、うまくいっているようです。咲也加は性格はきついのですが内弁慶ですから、幸福の科学以外のコミュニティーには接点がなく、友達もいません。本人も、外の人間関係に軸足を置いていません。なので、内部に対しては厳しい粛清をしても、教団の外に打って出て行くということはやらないのではないかと予想します。

このまま順当に2代目を継いだら、幸福の科学という教団が世の中に迷惑をかける程度は、少しましになるのではないかと思います。もちろん財政状況は厳しいので、組織として小さくなっていくことは間違いありません。1万3000人のコミュニティーを、どこまで維持できるかです。

きょうだいの誰ひとり、幸福の科学を信仰していない

私自身、幸福の科学の教義を一度も信じたことがない、という話をしました。実はほかのきょうだいも、信仰をもっていないのは同じです。腹を割ってそんな話をしたことはないのですが、一緒に生まれ育った仲ですから、そこは話さなくてもわかります。

信者さん側ではなく、教える側として育てられているので、そもそもの立脚点が違うのです。教義を教え込まれるというより、教祖一家としてのブランディングを身につけさせられてきた、といえばいいでしょうか。しかも教団の運営を裏側から見てきましたから、信じるも何もありません。

前述したように、幸福の科学に入会すると「入会版　正心法語」という経典を授与されます。この手続きは、ネットでもできます。正式な会員になるには、「三帰誓願」という儀式が必要です。これは「仏（仏陀＝大川隆法）・法（仏の説く教え）・僧（仏弟子の集う集団とそのルール）の三宝に帰依すること」を誓う儀式で、幸福の科学の精舎や支部へ行かなければ受けられません。

この三帰誓願式を受けると「三帰誓願者」と呼ばれ、正式な信者となるわけです。形式的な話をすれば、きょうだいの誰も三帰誓願式を受けていません。もっともこのことは私がYouTubeで指摘したので、きょうだいたちにはその後に受けさせた可能性はあります。

信者さんに割り振られる会員番号も、子どもたちにはないと思っていたのですが、いつのまにか勝手に割り振ったようです。しかしそういう手続きは一切していないし、

「私はエル・カンターレを信じます」と口にしたこともありません。少なくとも私は言っていないまま本部職員になったし、ほかの4人も同じはずです。

ではなぜ、信仰していない教団に所属して、まして後継者にまでなろうとするのかと思われることでしょう。

きょうだいたちはみんな頭が切れるので、幸福の科学の教義が矛盾していることは理解しています。教団が、財政的にまずいこともわかっています。それでも咲也加や愛理沙は、このまま教団が縮小しても、自分たちは生活に困らないことを知っています。いずれ隆法の遺産も貰えるし、教祖の周りだけは豪華な暮らしができるとわかっているのです。だから何も言わず、信仰心があるふりをしているわけです。

第四章

脱会の真相

教団に戻る

両親の離婚騒動をきっかけに、足が遠のいていた大悟館に出入りする機会が増えました。ちょうど、きょう子さんが追い出された2階の執務室が空いていたので、

「宏洋、そこに住んでいいよ」

と隆法から言われ、再び自分の部屋ができました。それまで住んでいた職員寮にも部屋を残したまま、大悟館に戻って住むことになったのです。ご飯も出してくれるようになりました。それが高校3年生の冬で、大学を卒業するまでずっと、大悟館に自分の部屋がありました。

ナンバー2だったきょう子さんが抜けてしまったので、教団の中はガタガタでした。

大変そうにしている隆法の様子を見ていたら、少し手を貸さなければという気持ちになって、相談に乗ったり愚痴の聞き役をするようになりました。

以前はきょう子さんが、隆法から仕事の相談を受けていました。食事の席などで隆法が、

「幹部の〇〇ってヤツが使えないんだけど、どうしたらいいかな」

といった話を持ち出すと、きょう子さんは、

「だったら、どこどこへ異動させたら？」

などと答えていたのです。その役割が、子どもたちに回ってきた感じです。私を筆頭に咲也加、真輝あたりが、きょう子さんが担っていた役割を請け負うようになりました。名指しされる職員の仕事ぶりは普段から見ているので、我々にも何となくわかります。

そんなふうに自分がまた教団に戻って生きていくことになるとは、思ってもみませんでした。

教団のアニメ作りの仕事に関わる

私が関わった最初の映画は、２００９年公開のアニメ『仏陀再誕』です。２００８年、大学1年生のときでした。映画担当の職員さんから、

「ちょっと台本を読んでほしい」

と頼まれたのがきっかけです。その方は当時50歳くらいだったのですが、

「主人公が大学生の男の子と高校生の女の子だから、その年代の人たちの感覚がわからない。同世代から見て、言葉遣いとかに違和感がないか見てほしいんだ。台本を読んで、ざっくばらんに感想を聞かせてよ」

と言うのです。台本を渡されて読んでみて、

「正直に申し上げていいですか？」

「何でも言ってくれよ」

「クソつまんないです」

正直に申し上げました。この映画は、若い世代の信者さんを増やすために作られる

作品でした。そのため、主人公を大学生と高校生の男女に設定してありました。なのにその前提が、まったく反映されていない内容だったのです。

「どういうこと？　何がつまらないのか教えて」

と言われたので、台本に赤字を入れながら、

「ここは構成がおかしい」

「このセリフは、こういう言い方はしない」

とアタマから書き直していきました。そうしたら彼は急に、

「君は何もわかってないよ！」

と怒り出してしまったのです。私の話は理解してもらえません。面倒くさくなったのでその場は切り上げ、自分で全部書き直した台本を、隆法のところへ持って行きました。

「実は、こういうやり取りがありました。どっちが面白いか、比べてみてください」

隆法は両方の台本を読み比べて、

「宏洋が書いたほうが面白い」

と裁定を下しました。それで私の台本が採用されて、撮影を進めることになりまし

た。

というのが、映画と関わった始まりです。映画作りは楽しくて、「これを自分の仕事にしたい」と思うようになりました。

教団で映画を作るのは、メディア文化事業局という部署です。映画が中心ですが、ローカルラジオ局で30年近く放送している『天使のモーニングコール』という番組も作っています。支部や精舎へ配信する、総裁の法話の収録もやっています。カメラマンや編集マン、音声の文字起こしをする人など、その頃は70～80人のスタッフがいたと思います。

この部署に所属すれば給料を出すという話になって、私は承諾しました。最初は、チーフか部長ぐらいから始まりました。私に台本を読むように頼んできた映画担当の職員さんと、マーケティングなど製作以外の話もするようになりました。

そのあと理事という肩書がついて、教団本体の役職も兼任にされました。稟議書なども回ってくるようになり、他の部署がどういう動きをしているかという情報も入ってきました。そのあたりから、教団全体の流れを把握する立場になっていきます。

私の感覚としては、教団本体の仕事より映画作りに専念したかったのですが、隆法は初めから、教団の仕事にシフトさせるつもりでいたのです。あとから流れを振り返ると、うまくはめられたなと思います。

職員になったので、給料も出ました。まだ大学1年生でしたけど、理事になったあとは月に80万円くらい。同じ肩書きをもつ職員と一緒の金額でした。

教団の理事長に就任

青山学院大学法学部に進んで、1〜2年は神奈川県にある相模原キャンパス。3〜4年は渋谷に通いました。テニスのサークルに入って、週1回の練習に真面目に参加しました。練習には十数人くらいしか来ないのに、飲み会になると50人くらいに膨れ上がる、しょうもないサークルではありました。

職員としての給料で年収1000万円を超えている時期もありましたが、デニーズ、魚民、お台場のケバブ屋、神楽坂の新潟料理店でアルバイトもしていました。

それは、幸福の科学はそう遠くない未来に潰れることが分かっていたからです。当時既に教団の財政状況はかなり悪化しており、10年以内に大赤字になるだろうことは稟議書を見れば一発で分かりました。隆法の気分次第で0円にもなり得る「あぶく銭」を溜めるより、10代~20代前半のうちに社会に出て一人で生きていく力を付ける方が重要だと考えたのです。

大学を卒業するとき、就職は考えませんでした。『ファイナル・ジャッジメント』という実写映画のプロジェクトが進行中だったからです。公開が卒業後になる予定だったので、そこまでは映画作りをやるつもりだったのです。

ところが、隆法が例によって突然「宏洋には悪霊が憑いている」と言い始め、いきなり映画の担当から外されてしまいました。そのあと、青年局局長補佐というよくわからない立場に左遷されました。次にまたいきなり「今日からあなたは、理事長になりました」と通告されました。理事長は、総裁と総裁補佐に次ぐ、教団ナンバー3くらいのポジションです。

教団の人事は、昇進も降格も常に一方的な通告です。打診などありませんし、告げられた時点ではもう決定ずみなので、拒否権もありません。それは、大学4年生の1月か2月くらいでした。就職せずに教団で映画を作るつもりでいたら、いきなり外され、そのあと理事長ですから、またもしてやられた感じです。そういう取り込み方は、隆法にはお手の物です。


理事長職は、上がってくる大量の稟議書や決裁書類にハンコを押していくのが、主な仕事でした。事務局長という番頭さんのような専務がいて、

「内容は私が見ますから、宏洋さんは印座の右から2番目にある理事長という欄に、ハンコを押してください」

そう言われるまま、ペタペタ押していました。日にもよりますが、稟議書が集中する日は、何時間もひたすらハンコを押します。

書類はたとえば、どこに土地を買うか買わないか、海外に支部を建てるが地元の建設会社に委託していいかどうか、といった内容です。私にわかるはずがありません。要するに、実際は決定済みの案件について、いちおう理事長が見ましたと確認していくだけの作業です。

総裁の隆法には、理事長以下が決裁した書類を月に1回まとめて上げます。土地の売買などの決済書類は、確か1500万円以下の少額の案件は理事長以下の決済でよ

くて、その金額を超える場合は総裁の認可が必要という、暗黙のルールだったと思います。幸福の科学の教団運営は、ほとんど明文化されていません。総裁の専任事項は人事で、幹部クラス以上の人事は、自分だけで決めていました。

隆法が突然何か思いついて、手書きのメモが送られてくることもあります。「どこそこに支部を建てる」とか「こういう内容の本を出す」とか「明日こういう説法をする」などが、気分ひとつで下りてくるので、理事長以下で慌てて対応していました。

ハンコを押す以外の私の仕事は、よくわからない会議や打ち合わせに「取りあえず出ておいて」と言われて出席したり、幸福の科学学園でイベントがあったら「ちょっとあいさつしてきて」と言われて、生徒さんの前で校長先生の訓示みたいな話をしたり。教義から外れたことをうっかり口にしたら怒られるので、これはかなり気を遣いました。

いずれにせよ、形式的な仕事ばかりです。大学を出たばかりで社会経験もないのに、ひたすら書類が回ってきて、内容なんて何もわからないまま「ハンコだけ押してください」と言われる毎日。

普通の企業の新入社員研修に当たるものもあったのですが、中身は経典の内容を勉強する会です。一般的なビジネスマナーは全然教えられないので、電話の取り方もわからないし、メールの返し方もわからない。コピーの取り方さえ知らないままでした。私は、社会人として必要な常識を一から覚えたいと思いました。そこで3カ月くらいたったとき、「ヒラの職員からやらせてほしい」と隆法に直談判しました。やはり即座に反対されました。

「それは絶対駄目だ。なぜなら、お前は私の息子だから、偉くなければいけない。最初から偉くあるべきなんだ。理事長という席に座っていることが、お前の仕事だ。実際の判断は私がするから」

と言うのです。ただの操り人形になれ、というのに等しい話です。

「それではやっても意味がないから、辞めます」

とその場で告げて、辞職しました。かなり揉めましたが、押し切りました。高校を辞めたときと同じで、やらないと言ったらやらない私の性格は、隆法もわかっています。最後には、

「君の考えは理解できないよ」

と呆れていました。

理事長を辞めてから、教団の仕事には一切関わりませんでした。学園の副理事長や青年局副局長という役職につけられたようですが、一度も顔を出さず、仕事もしませんでした。それでも、給料は出ていました。

ヒマになったので、そのあと1年はお台場のケバブ屋と神楽坂の居酒屋でアルバイトをして、月に30万円くらい稼いでいました。その居酒屋の社員になろうかと考えていたとき、隆法が就職先を探してきました。いくつか話があった中で、最初にまとまった清水建設で働くことになりました。大きな教団施設は、ほとんど清水建設が建てている関係からです。大学を卒業してから1年後で、教団から出向という形でした。

教団の外で働くことについて、隆法は反対していました。しかし自分のコネを利かせて恩を売っておけば、あとで引き戻しやすいと考えたのかもしれません。

一般企業に就職・結婚

清水建設では、営業や経理、人事部も経験しましたが、一番長かったのは西東京エリアの工事現場の事務です。また、母校・青山学院の社内ＯＢ会の幹事や、青学の学生を対象にリクルーターもしました。

同じ頃、授かり婚をしました。相手は大学の後輩で、教団の外の女性です。ご両親に納得してもらいたいと思ったので、教団から出向という形をやめて、清水建設の正社員にしてもらいました。この件では、かなり揉めました。隆法は、あくまで出向中の教団職員として、自分の手駒にしておきたかったからです。

結婚が決まって、両家で顔合わせをする段取りになりました。あちらのご両親と、こちらは隆法と後妻の紫央さんです。ご両親は地方在住で、わざわざ東京まで来てくださることになったので、ホテルと夕食のレストランを予約しました。

ところが当日の午後2時頃になって、宗務本部の秘書さんから連絡がありました。

「総裁先生は体調が悪くなったので、今日は行けません」

もちろん紫央さんも来ません。私は、ご両親の前で土下座しました。ドタキャンするくらいなら、初めから会うと言わないで欲しかった。

結婚式もやりませんでした。結局2年で離婚してしまい、生まれた息子は元妻のところにいます。隆法は、彼女のご両親と一度も会わずに終わりました。

教団外の女性と結婚することを、隆法は相当嫌がっていました。自分の選んだ相手ではなかったことも、気に入りませんでした。教団の中で結婚しろという話は、その前からしばしばありました。「職員のこの女性はどうだ？」と、20代中盤から後半ぐらいの秘書の方を10人ほど、候補に挙げてきましたが、全員断わりました。押し付けられて結婚するのはイヤだったし、いいなと思う人は一人もいなかったからです。

咲也加と真輝も、隆法が結婚相手を決めています。隆法は、家でウサギを30匹くらい飼っていて、血が濃くならないように、このオスとこのメスを掛け合わせて繁殖させるということを趣味でやっています。子どもの結婚についても、そんな感覚なのです。増えすぎたウサギは、抽選で信者さんに分けたり、幸福の科学学園に寄贈したり、徳島の実家に送ったりしています。しかし環境が変わると、ウサギは死んでしまいやすいのだそうです。

清水建設には、3年弱勤めました。いまも、当時の先輩たちと一緒に飲みに行ったり、同期の集まりにも呼んでもらっています。本当にいい会社で仕事も楽しく、辞めたいとは思わなかったのですが、また映画の仕事をやらないかと打診されて、教団へ戻ることになりました。

サラリーマンをやっていても、本当は映画に心残りがあることを、隆法は見抜いていたのです。隆法は離婚経験者なので、いろいろ相談したり、弁護士を紹介してもらったりして、ちょっと恩を感じてもいました。こちらが断わりづらいタイミングで映画というカードを切ってきたので、断われませんでした。隆法は、時期をずっと窺っていたのでしょう。

再び教団に戻る

「映画をつくりたい」という志がなければ、間違いなく定年まで清水建設で勤め上げていたと思います。そんな最高の会社を辞めてまで映画制作の仕事をやろうと思ったのは、「楽しいから」「自分の能力値を客観的に分析した結果、仕事として最も成果を発揮出来るという確信があったから」という2つの理由によるものです。

教団に戻ったときの肩書きは、副理事長兼ニュースター・プロダクション社長でした。上から5番目くらいのポジションです。ニュースター・プロダクションは2011年に立ち上げた芸能プロダクションですが、隆法から、

「幹部にやらせてみたけど、伸びる気配がない。タレント事業も映画製作も、畳もうと思っている」

と聞かされていました。教団は、私が戻る前に『天使に〝アイム・ファイン〟』という映画を作っていましたが、評判はさんざんでした。

「宏洋じゃないと、いい作品は作れない。だから戻って来て、やってみないか？」

と隆法に誘われ、それも二枚舌なのですが、うまく乗せられてしまったわけです。

２０１７年5月公開の『君のまなざし』は、一から自分で作らせてもらいました。ところが次の『さらば青春、されど青春。』は、隆法が自分で台本を書き始め、戻ったときの約束は雲行きがあやしくなっていきました。「また騙されたんだ」と、そのときようやく気づきました。

教団の経営もかなり厳しくなってきて、それに物申したりしていたら、

「神に盾突くとはなにごとか！」

と罵られました。やがて、

「宏洋は悪魔にとりつかれている」

と、再び言われるようになりました。戻ってから教団にいたのは、結局2年半くら

いでした。

振り返ってみると、「自分の家はおかしいんじゃないか」と思い始めたのは、小学校に上がってからです。授業参観には毎回、20代前半の女性秘書が来ました。しかも毎回、違う人です。周りの子たちから、「あいつ、おかしいな」という目で見られるようになりました。

「あなたは特別だから」「あなたは跡継ぎなんだから」と、秘書の方からずっと言い聞かされていました。「小学校の友達と仲良くなってはいけない。あなたは総裁先生の後継者として、多くの人を導く使命がある。その使命に集中しなさい」と言うのです。

私は、「他人を導く道に進まなければ」などと思ったことは、一度もありません。物心ついて「この家は変だ」と気づいたときからずっと、「この家に生まれないほうがよかった」と考えていました。

東京ドームの教団イベントに連れて行かれ、信者さんの熱狂的な反応を目にして、「この人たちは、どうして拍手してるんだろう。何に感動しているんだろう」と不思議に感じたことは、冒頭で触れました。隆法がステージの上で「信仰は勝利であーる」と叫んでいるのですが、「大したこと言ってないじゃん」としか思えなかったのです。

隆法は、あるときは背中に天使のような羽根を広げ、あるときは大きな竜の首にまたがっていました。「なんであんなカッコしてるんだろう」と疑問はさらに募り、エンタメか一種のパフォーマンスとして受け止めるほかありませんでした。


自分でも信者さんに向けて講話をしましたが、自分の考えを述べているわけではありません。経典の内容は頭に入っているので、あくまで仕事としてしゃべっていただけです。こういう場合にはこういう話をするのが正解、というパターンがあるので、それに従っただけでした。

そんなふうだった私が、教団と訣別しようと思った最も大きな理由は、2017年に起こった女優の清水富美加さんの事件です。隆法から「清水さんと結婚しなさい」と言われたことが、そのきっかけです。

結婚相手を押し付けられそうになったことは過去にもあったのですが、このときは隆法の思い入れが違いました。

「あの富美加ちゃんだぞ！　拒否のしようがないだろう」

と言うのです。

清水富美加さん事件

清水富美加さんが、ご両親とも幸福の科学の会員で、２世信者だということは、前から知っていました。教団のイベントにも、顔を出していたからです。

初めてお会いしたのは、２０１６年の８月です。一信者として参加していたイベントで、「どうも。よろしくお願いします」という程度のあいさつをしました。

清水さんが前の事務所のレプロエンタテインメントにいるとき、私は『さらば青春、されど青春。』にキャスティングしようと思いました。２０１７年２月に大悟館で、隆法と私、清水さんと清水さんの父親の４人で会って、初めて食事をしました。

次の日、隆法に言われました。

「清水さんには、いまの事務所を辞めさせる。宏洋は彼女と結婚しなさい」

「それはダメでしょう。やりかけの仕事もあるし」

と、私は反対しました。しかし例によって、こちらの意思は反映されません。

「もう決まったことだから」

の一点張りです。

教団側は、私が行なった「霊言」の音声データを証拠として「宏洋氏自身が結婚を希望していた」と主張していますが、事実が180度歪曲されています。

その音声データを録音する直前、私は隆法に対し、約3時間にわたって「清水さんを出家させるべきではない」と説得を試みました。理由は多数ありましたが、大きく分けると、①やりかけの仕事を放り出させては、今後、幸福の科学は芸能界全体から干されてしまう、②予定している映画や舞台に支障を来たす恐れがある、③「ニュースター・プロダクション」に在籍しているタレントが、仕事を取れなくなってしまうなどです。しかし隆法は、「(違約金など)金ならいくらでも払う。何が問題なんだ?」「お前に私の判断を覆す権限はない」「他のタレントが何だ。富美加ちゃんはな、億稼ぐんだよ。億。富美加ちゃん一人いれば、他の奴らなんてどうでも良いんだよ」

などと言いました。そして、

「富美加ちゃんとの結婚を受け入れないのなら、ニュースター・プロダクションのタレントを今すぐ全員辞めさせて出家させる（職員として働かせる）ぞ」

無念でした。それ以上言い返すことが出来なかった。タレントたちの将来と、清水富美加との結婚を天秤にかけさせられた。教団側が証拠として上げている音声データは、このやり取りの直後に収録されたものです。その音声の中で「納得しました」と言っているのは「検討します」という意味ですが、そう言わざるを得ない状況に追い込まれてしまった。これが「結婚強制」の真実です。

隆法は清水さんに直接そのことを連絡し、彼女は次の日から撮影中の現場に行かなくなってしまいました。レプロとは2017年5月で契約満了になる予定だったようですが、隆法はその3カ月前に「いますぐ辞めなさい」と言って、教団へ引っ張ってきたのです。

ニュースター・プロダクションに入る予定だったのですが、社長の私が拒否しました。彼女が来たら他のタレントの仕事がなくなってしまうので、絶対やめて欲しいと反対したのです。そこで隆法が、

「じゃあ、もうひとつプロダクションを作ってやる」

と言って新しくできたのが、妹の愛理沙の名前から採ったアリ・プロダクションです。

清水さんが途中降板したテレビやCMの仕事の賠償金として、教団は億単位のお金を払ったと聞いています。これが大騒ぎになった、出家事件のあらましです。

私は、清水さんは実績のある女優さんだと思っていましたが、結婚相手として考えることは、どうしてもできませんでした。仕事を途中で投げ出して出家するという筋を通さないやり方も、人生を共にする相手として受け入れがたかった。こちらはバツイチですし、感情の浮き沈みが激しくて二面性がある人とは、一緒にいられません。

隆法としては、この結婚は話題になると喜んでいたのに私が拒否したので、大激怒したのは当然です。あとになって教団は、「総裁が結婚しろと言ったのではなく、宏洋が勝手にそう言い出したんだ」という話に変えています。しかし、隆法が私に向かって「清水さんと結婚しなさい」と言ったことは、ほかにも聞いた人間がいます。後妻の紫央さんや妹の咲也加も一緒に食事をした席だったからです。みんな聞いて知っているのに、口裏を合わせて、なかったことにしているのです。

清水さんは熱心な信者ということになっていましたが、実際は違いました。「悪霊撃退の祈り」という、ある程度の信仰心をもつ信者さんなら毎日のように読む祈願文があります。しかし清水さんは「読んだことない」と言っていて、内容も知りませんでした。「エル・カンターレ ファイト」という、悪魔を追放するための基礎的な修法さえ知りません。それだけでも全然勉強していないことがわかるし、出家して教団に来られたとき、教義の知識は一般の会員さんより低いレベルだったと思います。

前の事務所に仕事の不満があって、辞めたかったのは事実のようです。本人は正統派の女優になりたかったのに、気に入らない役が続いて、かなり追い詰められていたらしいのです。

そんなところへ、おいしい話が舞い込んできたわけです。私と結婚したら教団の中でどういう立場になるか、という計算が働いたと思います。神様になれるし、お金もいっぱい入ってくる。資産も十分あるし、将来も生活には困らない。お金と地位と名誉に飛びついたわけです。非常にビジネスライクな人ですから、相手はプロ野球選手でもＩＴの社長でもよかったのかもしれません。

父・大川隆法と最後に交わした言葉

2017年11月、清水さんと私が共演した映画『さらば青春、されど青春。』の撮影が終わって、隆法から大悟館に招かれました。ソファーに並んで座らされ、隆法は「映画の撮影どうだった?」と聞き始めます。

清水さんが、撮影現場に入る前から「台本がクソつまんない」と不満を言っていたので、私は、

「撮り切ったけど、台本がつまんなかったよ。清水さんも、そう言ってました」

と、隆法に言いました。すると清水さんはいきなり、

「そんなこと言うなんて、信じられない」

と泣き始めたのです。

「私は……、与えられた台本が少しでも面白くなるように……、頑張ってきたんです……。何も努力しないで不平不満ばかり言っている人に、そんなこと言われたくない……」

隆法は慌ててしまって、

「富美加ちゃん、ごめんね。宏洋、おまえ何言ってるんだ！」

私は隣りで「あれ、クソつまんないって言ってたくせに」と思いながら、黙って怒られていました。頭の回転が、とても速い人なのです。

清水さんは精神的に不安定な状態なのが明らかだったので、先に帰ってもらいました。そのあと隆法の部屋へ行き、親子二人で話をしました。清水さんを交えて4時間くらい話し、そのあと隆法と二人きりで5、6時間話したのです。

私は、この際だから腹を割って話そうと決め、

「さっきのやり取りは、全部ウソだから。騙されないほうがいいよ」

ということと、清水さんがどれだけ教義を理解していないかを説明して、

「そういう人を教団の広告塔にするのは、いかがなものか。信者さんに対しても、失礼ではないか」

と質《ただ》しました。けれども隆法は、

「いや、富美加ちゃんはいい子だよ。富美加ちゃんの魅力をわからないおまえが、悪魔に取りつかれてる。教義は、これから勉強すればいいじゃないか」

まったく取り合ってもらえません。教団の運営についても、率直に言いました。

「霊言は誰も信じてないから、話題にはなるかもしれないけど、もう止めたほうがいい。誰それの霊が言っているという話はまやかしになるけど、大川隆法がこう言っているという部分はウソにならないんだから、自分の意見として話したほうがいい。教義は時代遅れになってるし、世の中に何の価値も生まない教えは変えなきゃいけない。映画も、一般の人に観てもらって教団に関心をもってもらうことが目的なのに、その役割をまったく果たせていないから、企画を抜本的に変えたほうがいい。政党も畳んだほうがいい。お金はかかるのに、当選する見込みはない。総理大臣になるのは無理だし、信者さんからもクレームが殺到してる」

最後の望みをかけるつもりで、提言しました。

「30年間やってきたから、いまさら変えられないんだよ」

そう呟いた隆法の頭に「白髪が目立つな」と、私は感じました。信者さんの人数やお布施の金額は隆法も知っているので、教団の現状と将来についても、じゅうぶん認識しているのです。

結局この日が、私が隆法に会った最後になりました。2日後くらいに私は、ニュースター・プロダクションの社長を解任されました。

訣別

清水富美加さんの問題がなかったとしても、私は遅かれ早かれ教団を離れていたと思います。映画の仕事は好きでしたが、教団のPR事業にすぎないし、教団の中の腐っている部分を変える作業も、同時にやらなければいけなかったからです。

教団の運営には無駄や矛盾が多く、何より、隆法の使っている無駄なお金が多すぎます。一番のがんが大川隆法自身なので、彼が実務から身を引くといった思い切った手を打たない限り、教団の改革は無理だと思います。

教団は、私が勝手に舞台の仕事を入れたせいで、映画『さらば青春、されど青春。』の撮影が延びて損害が出たと言い始めました。しかしあれは、製作責任者がスケジュールをミスしたことに責任があります。かつて私に『仏陀再誕』の台本を読んで欲しいと言ってきた、あの人です。撮影が２０１７年9月末で終わるという話だったので、こちらは10月アタマから稽古が始まる舞台の予定を入れたのです。

すると映画のキャスティングが遅れ、撮影も遅れたために、スケジュールが後ろへズレ込んでしまいました。その舞台を断わってくれと言ってきたのですが、仕事として受けている以上、それはできない相談です。私が出ないと言えば、その作品は急いで代役を探さなければならず、大きな迷惑をかけるからです。なので彼に、

「申し訳ないですけど、9月30日までしか撮影には参加できません」

と告げました。そうしたら、

「では10月の舞台が終わった後に、追加のシーンを撮影します」

という話に落ち着いたのです。10月末から入っていた次の仕事を断わることになったため、私が社長をしていたニュースター・プロダクションのほうに、むしろ損害が出たくらいです。

教団から退職する手続きを取ったのは、翌2018年の9月です。信者さんの中には私を引き止める勢力もあったし、隆法は隆法で、私の役職をまたコロコロ変えたりして「金は出すから、何もしないでじっとしていて」という工作を仕掛けてきました。

咲也加を2代目に立てる方針が固まったので、男のきょうだいたちは目立つと邪魔です。裕太や真輝を黙らせたように、私のことも掌握しておきたかったのでしょう。

教団で最も重い処分は、過去世の書き換えです。変えられないはずの過去世を書き換えるには理由が必要ですが、「本人が隠していたから、わからなかった」など、理屈はなんとでも付けられます。要は教団内での格付けのために、隆法が好きなように使っているのが過去世です。

私の過去世は、ヘルメスの子エロス、ゼウスの子アポロン、荘子、西行、デカルト、カフカなどとされていました。「まともに働いたやつは一人もいない。全部アウトロ―だ」というのが、後付けの説明でした。しかし私の過去世は、教団を辞めたあとも書き換えられていません。つまり、裕太や真輝より軽い処分だということになります。

過去世が書き換えられていないのは、教団に戻ってきて欲しいというのが隆法の本心だからだと思います。6265万円もの損害賠償請求訴訟を起こされているのも、私を兵糧攻めにして、お金がなくなって「お父さん助けて」と降参してくるのを待っているのだと思います。

宗教は、世の中に対してプラスを生み出すものであるべきです。しかし、内部から二十数年間見てきて、幸福の科学はプラスを生まない宗教だというのが、私の結論です。

２０１５年９月に山梨県の富士河口湖町で、高校３年生の男子が83歳の祖父と81歳の祖母を殺害する事件がありました。この家族は、彼と母、祖母が幸福の科学の信者でした。彼は、在籍する高校から幸福の科学学園へ転校してＨＳＵに進むことを希望していました。ところが、学費を出してくれるはずだった祖父が、「大学じゃないなら、お金は出さない」と言い出したようなのです。４年間通っても何の資格も得られないのですから、正論です。彼は法廷で、犯行動機をこう語りました。

「祖父母を殺して遺産が自分の母親に入れば、幸福の科学学園高校とＨＳＵに入る費用をまかなえると考えた」

彼は未成年でしたが通常の刑事裁判にかけられ、求刑通り、有期刑で最も重い懲役10～15年の判決を受けました。

これは極端な例ですが、お布施を出しすぎてしまって家計がパンクしたり、借金まみれになってしまった、といった話をよく聞きます。信仰に埋没すると、人間関係も一般社会から隔絶されていきます。人生や家族がメチャクチャになってしまった、というケースはとても多いのです。

私がいま、現役の信者さんに申し上げることがあるとしたら、「関わらないのが一番」だということです。大川隆法という人間は、自分だけよければいいという考えがすごく強い。そこは改めるべきだと、常々思っていました。教義でも、独善的な考え方を含んでいる部分については削除したほうがいい。運営についても、信者さんの立場に立っていないことはやめたほうがいい。

新しい信者さんを増やせていないのに、隆法は「これをやるぞ、あれをやるぞ」と、思い付きを実行します。人数が限られている信者さんに、１人当たり、本だったら８万円分買わせるといった苦しい重圧を課して、ようやく成り立っている教団です。「それはおかしい。１人当たり１冊１８００円を買ってくれる人数を、何十倍にも増やすのが基本でしょう」

私は常々そう言っていたのですが、隆法は実情をわかった上で、お金さえ入ればいいと考えていたのです。

「１人で何冊も買ったら、それだけ天の蔵に富を積んでいるんだ。来世で報われるんだ」

と言っていました。信者さんの家計を圧迫しても、

「現世の幸せより、信仰を選んだということ。尊いことです」

と、お布施を推奨するのです。

周りにいる幹部で、そういうやり方がおかしいと言う人はいません。周りにロボットしか置かなかったのも、総裁である大川隆法自身の責任です。

繰り返しになりますが、私が幸福の科学の職員になったのは2008年の『仏陀再誕』と2017年の『君のまなざし』、主にこの2つの作品を「つくってくれ」と頼まれたから、請け負っただけのことです。「大川隆法」は、ただの仕事の依頼主の一人にしかすぎません。

その仕事の報酬を「幸福の科学の職員として給与を受け取る」しか方法がないと思っていた、それは私の落ち度です。「自分で会社を作る」「個人事業主として仕事を受ける」のようなことが出来るということを全く知らなかった、私自身の経験の浅さと知識不足によるものでした。知っていれば、最初から職員になどなっていませんでした。

私は、大川隆法を一度も〝神〟だと思ったことはありません。「三帰誓願」も受けていないので、幸福の科学の信者であったことは過去一度もありません。

父・大川隆法に対しては、感謝の気持ちでいっぱいです。

「芸の肥やしになってくれてありがとう」、「偉大な反面教師になってくれてありがとう」。彼のおかげで、私の人生は豊かで味わい深いものとなりました。

因果応報――。

父・隆法にはこの言葉を贈りたい。あと何年生きるかは分かりませんが、カルマの刈り取りは自分自身でやるべきだと思います。私は彼の人生が今後どうなろうと、一切興味はありません。道行く哀れな孤独な老人が、一人死んでゆくだけ。それ以上の以下の感想もありません。

私は私のやるべき事をやる。大川隆法も、幸福の科学も一切眼中にはありません。

大川隆法は、私にとっては路傍の石の一つ、取るに足らないガラクタにしか過ぎないのです。

これから——あとがきにかえて

教団は2019年6月25日付けで、私を懲戒免職にしたと発表しました。こちらはとっくに「辞めました」と宣言していたのに、教団のほうが認めずに「休職中」だと言い張ってきたので、ようやく訣別できた気持ちです。

また、合計6265万円の損害賠償を求める裁判を起こされて、係争中です。私がYouTubeで教団の内情を語ったことに対する名誉棄損と、出演した映画『さらば青春、されど青春。』のDVDが発売できなくなったことや、幸福の科学出版から出ていた著書が販売できなくなったことなどで生じた損害を支払えというのです。

私は教団を辞めてから、YouTubeに動画をアップしたり、雑誌やテレビの取材をたくさん受けてきました。この本を出したことも同じですが、理由はふたつあります。ひとつは、信者さんにも一般の方にも、教団の内情を正しく知って欲しいと思ったからです。幸福の科学は、国の認可を得た宗教法人です。営利を目的としない団体であり、公益に寄与することが活動の目的でなければいけないと、決められています。加えて、幸福実現党という政党を作って、政治活動もしています。

したがってその実態は、広く知られる意味と必要があります。そこで私は、自分が内部で見聞きした事実を、自分の言葉で伝えたかったのです。暴露や中傷が目的ではないことを、わかっていただきたいと思います。

先日知り合ったある大学生から、こんな話を聞きました。同級生に「すごい人の講演会があるんだ。一緒に行こうよ」と誘われてついて行くと、そこは幸福の科学のイベント会場。入り口で「これ、宗教じゃん」と気が付いたので、断わって帰ったというのです。

最近の幸福の科学は、「自分たちは宗教団体です」と名乗らずに勧誘するケースがあるようです。大学生くらいの歳だと、幸福の科学という教団名さえ知らない人もたくさんいます。正体名を隠した勧誘は違法だし、何の予備知識もなければ、自分で判断がつかないまま引き込まれてしまう恐れもあります。

「気になったのであとから検索してみたら、宏洋さんの YouTube の動画が出てきて、どういう宗教なのかがわかりました」

という言葉をその大学生から聞いて、発信してきた意味があると私は確信しました。

この木を出したもうひとつの理由は、私自身が幸福の科学という宗教団体と一切の縁を切り、何の関係もない一個人として、自分の力で仕事を全うしていくためのけじめです。

教団を辞めてから、宏洋企画室という自分の事務所を作りました。映画を作ったり、舞台に出て役者をやったりしています。これからも、映画製作と俳優の仕事をやっていきます。


2018年9月に教団を辞めたときは、何も仕事がありませんでした。「大川隆法さんの息子では無理です」という理由で、断わられた仕事もあります。YouTube で細々と発信を始め、ここまで来られたことはよかったと感じています。

現在『グレー・ゾーン』というタイトルの任俠アクション・コメディ映画の撮影を

終え、2020年下半期に公開予定です。あとは、決まっている舞台の仕事が2本あり、新しい映画の企画も進んでいます。2019年の年末には、港区赤坂にバーを開店しました。「イベントバー『三代目』」という店名です。店長は日替わり制にして、誰でも利用できます。役者さんと制作会社の人の間に立って、仕事のマッチングの場を提供できればいいな、と思ったことが店のコンセプトになっています。

私はコメディ映画が好きです。それも、現実には絶対に笑えないようなシチュエーションを面白おかしく描くことに、興味があります。たとえば、2018年に大ヒットした『カメラを止めるな!』。実際に映画製作をしている立場で観ると、あれは苦労話です。「ああ、こういうトラブルってよく起きるよな」という深刻な状況を、笑えるように描いている。あのような方向性が好きです。

辛《つら》かった経験を「辛かった」と話すことは、誰にでもできます。だから、しんどい現実をクスッと笑ってもらえたり、喜んでもらえる話に転化できたらいいと思っています。映画は、ただの息抜きにもなるし、ひとつのセリフで観る人の人生を変えもします。観てくださった方の人生にとって、プラスになるものをお届けできればと思って、やっていきます。

作りたい映画は、頭の中にたくさんあります。何歳までにどの作品を撮り、30代のうちに海外で作品を作りたいといった目標があるので、ひとつずつ実績を積み重ねていくつもりです。

今後一切、幸福の科学に関わる気はありません。愛想が尽き果てたので、また教団に戻って仕事をすることは、100％ありません。何も価値を感じていないものに、時間や労力を使いたくないのです。

私はたまたま、大川という家に生まれました。極めて特異な家庭環境で生まれ育ったことについては、「ネタをくれてありがとう」という気持ちです。お笑い芸人にとっての、芸の肥やしみたいなものでしょうか。これまでの経験はすべて、これから私が作る映画の脚本に活かされていきます。

本書の刊行にあたり、幸福の科学グループの大川隆法総裁に取材を申し込んだところ、同グループ広報局より「(取材依頼の)その大部分は「週刊文春」(2019年2月28日号)記事と重なっており、この記事に対して大川総裁及びご家族の書籍でインタビュー等に回答した内容であり、他の部分も幸福の科学グループの書籍、公式ウェブサイト、月刊『WiLL』や動画で公表済みの内容ですので、大川総裁がインタビューにお応えすることは控えさせて頂きます」との回答があった。

宏洋（ひろし）

俳優、映画監督。１９８９年2月、宗教法人「幸福の科学」創始者兼総裁・大川隆法の長男として生まれる。青山学院大学法学部卒。２０１８年9月に教団を離れて以降は、教団の実態をＹｏｕＴｕｂｅなどで発信。監督・主演・脚本を務める任侠アクション・コメディ映画『グレー・ゾーン』が２０２０年下半期に公開予定。

幸福《こうふく》の科学《かがく》との訣別《けつべつ》
私《わたし》の父《ちち》は大川隆法《おおかわりゅうほう》だった

二〇二〇年三月一五日　第一刷発行

著　者　宏洋《ひろし》
発行者　新谷学
発行所　株式会社　文藝春秋
〒一〇二－八〇〇八
東京都千代田区紀尾井町三－二三
☎〇三－三二六五－一二一一

印刷所　光邦
製本所　光邦
ＤＴＰ　エヴリ・シンク

ISBN978-4-16-391202-8